1. Auflage 2014
© Carlsen Verlag, Hamburg 2014
PF 500380, 22703 Hamburg
© Portico Books, 2012
Printed in Malaysia
Text: Daniel Tatarsky
Illustration: Damien Weighill
Übersetzung: Alexandra Kay
Fachlektorat: Claus-Jürgen Ruoff
Lektorat: Caroline Jacobi
Herstellung: Jutta Kraus
Layout/Satz: Frank Zunker

Einführung	06
Bevor es losgeht …	08
Die Phantom-Münze	10
Die Brauserakete	12
Das Badewannen-Schnellboot	14
Durch eine Postkarte steigen	16
Boing Boing	18
Das Möbiusband	20
Supercooles Wasser	22
Gebogenes Licht	24
Dosenquetscher	26
Münzenfangen	28
Hitzewallungen	30
Luftballon-Schaschlik	32
Feuerlöscher	34
Tanzende Streichhölzer	36
Fliegende Eier	38
Arme hoch!	40
Lavalampe	42
Das unmögliche Papier	44
Schwebendes Wasser	46
Balanceakt	48
Heißes Eis	50
Das Ei in der Flasche	52
Der schwebende Ping-Pong-Ball	54
Neun Punkte, eine Linie	56
Atemtest	58
Zauberstrohhalm	60
Es werde Feuer	62
Der versteckte Regenbogen	64

INHALT

Cola-Walzer	66
Die verschwundene Münze	68
Der superstarke Strohhalm	70
Bunte Milch	72
Papierschnitt	74
Geld verbrennen	76
Der fliegende Mann	78
Der Tischtuchtrick	80
Der Feuersprung	82
Das unzerbrechliche Ei	84
Die sichtbare Schallwelle	86
Hexengebräu	88
Der Flüssigkeitsstapel	90
Papier bricht Holz	92
Der Kartoffelspieß	94
Der unkaputtbare Ballon	96
Die unzerstörbare Streichholzschachtel	98
Im Kreis herum	100
Wasserwerk	102
Ein Loch in der Hand	104
Angesaugt	106
Die Cola-Fontäne	108
Wo du die Sachen kaufen kannst	110

Einführung

Die wenigsten Leute mögen Naturwissenschaften. Cool findet sie erst recht keiner. Die meisten von uns denken beim Stichwort Naturwissenschaften nur an endlose, langweilige Schulstunden (ich persönlich habe Physik geliebt, aber da war ich unter meinen Freunden der Einzige).

Das Komische ist: Wenn man mal überlegt, fallen einem garantiert spannende Dinge ein, die man in den naturwissenschaftlichen Fächern gelernt hat. Meistens waren das die Stunden, in denen man mal selbst randurfte, in denen Experimente auf dem Lehrplan standen: War doch toll, als die Klasse aus Eisenfeilspänen Wunderkerzen hergestellt hat. Oder ihr zum ersten Mal das Auge einer Kuh untersuchen durftet. Oder der Morgen, als Herr Grummelkopf sich bei dem Experiment mit der Brausetablette total eingesaut hat …

Naturwissenschaften können überraschend, spannend, und ja, sehr cool sein. Dieses Buch enthält 50 solcher coolen Beispiele, und das Beste ist: Du kannst sie alle zu Hause nachmachen und damit sowohl andere Kinder als auch Erwachsene beeindrucken.

Mit nur ein wenig Übung und ein paar Requisiten wirst du der coolste Typ oder das coolste Mädchen weit und breit. Also, trödel nicht herum, kram den Bunsenbrenner hervor, staub das Thermometer ab und setz deine Schutzbrille auf – die Show geht los!

Bevor es losgeht ...

SICHERHEITS-HINWEIS

Die Experimente in diesem Buch sind alle mit Sicherheitshinweisen versehen. Einige solltest du nur mit deinen Eltern machen. Hab also in diesen Fällen einen Erwachsenen dabei und sorg dafür, dass derjenige auch aufpasst! Manche Tricks verlangen keine Sicherheitsmaßnahmen, aber sei immer umsichtig, wenn du experimentierst – du willst dir schließlich nicht ins Auge stechen oder ein Riesenchaos verursachen. Also, sei vorsichtig, hab Spaß – und lerne ein paar coole Dinge über Naturwissenschaften!

FÜR ALLE

Tricks, die jeder überall machen kann. Leg los!

> **VORSICHT BITTE!**

Lies die Anweisungen sorgfältig, bevor du anfängst. Wenn du unter 16 Jahren bist, sollte ein Erwachsener die Sache überwachen.

> **NUR MIT ERWACHSENEN!**

Erwachsene können zwar ebenso ungeschickt sein wie Kinder (manche sogar noch mehr!), aber trotzdem solltest du diese Tricks nur gemeinsam mit einem Erwachsenen durchführen. Beachtet unbedingt alle Sicherheitsvorkehrungen. Und wenn der Erwachsene eine Sauerei macht, sorg dafür, dass er sie wieder aufräumt!

Die Phantom-Münze

Für alle

Bei Geld ist man ja eher gewohnt, dass es zu schnell verschwindet – in diesem Fall ist es aber nicht loszuwerden! Man sollte meinen, dass eine Münze, die einem an der Stirn klebt, leicht zu lösen wäre, aber dieser Trick hier zeigt, dass es ziemlich unmöglich sein kann.

Das brauchst du:
- eine Münze
- ein Versuchskaninchen

Der wissenschaftliche Kram

Unsere Haut ist sehr empfindlich; wie sehr, hängt aber von dem Körperteil ab, den du berührst. In einigen Bereichen sind die Nervenenden dichter gepackt als anderswo. Deine Handflächen sind zum Beispiel viel empfindlicher als die Handrücken.

Dieser Trick bedient sich der Signale, die ans Gehirn geschickt werden, wenn die Münze dagegen gepresst wird. Dein Versuchskaninchen spürt, wie die Münze seine Stirn berührt, und selbst wenn du sie wegnimmst, schicken die Nervenenden immer noch Signale ans Gehirn.

Hast du das gewusst?

Ähnlich, aber extremer, sind sogenannte Phantomschmerzen, die Leute empfinden, denen eine Gliedmaße amputiert wurde. Sie spüren Bewegungen oder Schmerzen in der Gliedmaße, die gar nicht mehr da ist.

Los gehts

1. Dieser Trick funktioniert nur, wenn du ihn vorher vorführst. Nimm also eine Münze und presse sie dir auf die Stirn. Halte sie dort ungefähr fünf Sekunden fest und lass dann los. Die Feuchtigkeit auf deiner Haut sorgt dafür, dass sie kleben bleibt.

2. Jetzt versuche, die Münze loszuwerden, indem du die Stirn runzelst. Das ist leicht, sie fällt recht schnell runter. Nachdem du gezeigt hast, wie einfach es ist, bitte jemanden, das Versuchskaninchen zu sein und zu versuchen, es schneller zu schaffen als du.

Dein Freund wird denken, die Münze sei immer noch da!

Signale werden ans Gehirn gesendet!

Die Nervenenden sind aktiv!

3. Wiederhole Schritt 1, aber wenn du die Münze fünf Sekunden an die Stirn deines Freiwilligen gepresst hast, lass sie nicht los – lass ihn nur glauben, du hättest es getan. Aber tatsächlich nimmst du sie weg und steckst sie ein.

4. Jetzt entspann dich und sieh zu, wie der andere das Gesicht verzieht und versucht, die Münze loszuwerden. Nach ungefähr zehn Minuten solltest du so nett sein, zu erklären, was du gemacht hast.

Mach es zuerst vor – dann macht es mehr Eindruck!

Die Brauserakete

Seit Jahrhunderten wollen Wissenschaftler den Weltraum erforschen. Dann begann der Wettlauf ins All. 1961 verließ der sowjetische Kosmonaut Yuri Gagarin als erster Mensch die Erdatmosphäre – möglich gemacht hatten das die Gehirne der Luft- und Raumfahrtwissenschaftler. Für diesen Trick hier musst du aber kein Wissenschaftler sein …

Vorsicht bitte!

Vitamin-C-Mangel verursacht die Krankheit Skorbut; man bekommt sie, wenn man nicht genug frisches Obst und Gemüse isst. Seefahrer bekamen auf langen Reisen früher oft Skorbut – die heutigen Vitamintabletten hätten sie sicher praktisch gefunden.

Das brauchst du:
- eine Brausetablette (Vitamin C oder so was)
- eine alte Filmdose oder einen ähnlichen Plastikbehälter
- Wasser
- eine flache Schüssel

Los gehts

1. Füll den Behälter zur Hälfte mit Wasser, wirf die Tablette hinein und mach schnell den Deckel zu. Dreh den Behälter um und stelle ihn mit dem Deckel nach unten in die Schüssel.

2. Warte.

3. RUUUMMS!

Das Dritte Newtonsche Gesetz – Wusch!

$(NaHCO_3)$ und $(C_6H_8O_7)$ reagieren!

Der wissenschaftliche Kram

Wenn das Natron ($NaHCO_3$) und die Zitronensäure ($C_6H_8O_7$) in der Brausetablette mit Wasser in Kontakt kommen, entsteht Kohlenstoffdioxid – das erzeugt Bläschen. Viele Bläschen! Es bildet sich schnell mehr Kohlenstoffdioxid, bis der Druck in dem Behälter den Deckel aufsprengt – und ab geht die Rakete!

Dieser Trick ist auch ein Beispiel für das Dritte Newtonsche Gesetz, das sogenannte Wechselwirkungsprinzip: Alle Kräfte im Universum treten paarweise auf; jeder Kraft wirkt eine gleich große, aber gegensätzliche Kraft entgegen. Das Gas im Behälter bahnt sich seinen Weg nach draußen über den schwächsten Punkt (den Deckel) in die eine Richtung (nach unten), während der Rest des Behälters in die entgegengesetzte Richtung fliegt (nach oben).

Das Badewannen-Schnellboot

Beim Baden geht es nicht nur um Sauberkeit! Mit diesem Trick kannst du deine Badewanne in einen total genialen Spielplatz verwandeln und jede Menge Spaß haben.

Für alle

Das brauchst du:
- ein paar Tropfen Spülmittel
- einen Eisstiel
- Wasser
- eine Badewanne

Los gehts

1. Nach einem anstrengenden Tag tut ein schönes, warmes Bad doch gut! Also, lass Wasser ein, aber noch nicht reinsteigen! Und benutz kein Schaumbad – auch wenn es noch so verführerisch ist ...

2. Wenn du genug Wasser hast, wirf den Eisstiel an einem Ende der Wanne ins Wasser. Keine Angst, er geht nicht unter. Quetsche vorsichtig ein paar Tropfen Spülmittel auf ein Ende des Stiels und – wusch – er saust los in die andere Richtung!

> **Hast du das gewusst?**
> Der Wasserläufer ist ein Insekt, das die Oberflächenspannung des Wassers und seine langen, beweglichen Beine nutzt, um über das Wasser zu gehen. Nicht schlecht!

3. Jetzt solltest du wieder wach sein – es ist Zeit, den Stiel aus der Wanne zu nehmen und selbst hineinzuspringen. Nun kannst du auch den Badeschaum ins Wasser schütten.

Der wissenschaftliche Kram

In der Badewanne ziehen sich die Wassermoleküle unterhalb der Oberfläche in alle Richtungen gleichmäßig an, aber die ganz oben ziehen sich stärker gegenseitig an, weil sie nur unter und neben sich andere Moleküle haben. Dieser Kraftunterschied sorgt dafür, dass die Wassermoleküle an der Oberfläche eine Art „Haut" bilden, besser bekannt als Oberflächenspannung. Diese sorgt dafür, dass der Eisstiel nicht untergeht. Wenn du jetzt Spülmittel zugibst, zerstört das den Zusammenhalt der Wassermoleküle. Die Moleküle nahe beim Spülmittel werden jetzt nicht nur von den anderen Wassermolekülen, sondern auch vom Spüli angezogen, und so nimmt die Oberflächenspannung hinter dem Eisstiel ab. Wassermoleküle bewegen sich von Gebieten mit niedriger Oberflächenspannung zu solchen mit hoher Oberflächenspannung. Der Stiel wird vom Wasser vor ihm zu einem Gebiet mit hoher Oberflächenspannung gezogen.

Durch eine Postkarte steigen

„Ich wünschte, du wärest hier", steht auf vielen Postkarten. Das können wir auch als Aufforderung verstehen, oder? Dieser Trick lässt Unterkiefer herunterklappen – du wirst dorthin gehen, wo noch niemand vorher gewesen ist!

Los gehts

1. Falte die Postkarte der Länge nach. Nimm dafür aber keine, die Erinnerungswert für dich hat – du wirst sie nicht wieder in ihren Urzustand zurückversetzen können!

2. Schneide die Karte jetzt in Abständen von ungefähr einem Zentimeter an der gefalteten Seite ein. Beginne etwa einen halben Zentimeter vom Rand. Wichtig: Nicht durchschneiden! Lass etwa einen halben Zentimeter stehen.

3. Jetzt schneidest du genau zwischen den Schnitten die Karte von der offenen Seite aus ein. Lass auch hier zur Faltkante hin einen Rest von ungefähr einem halben Zentimeter stehen.

Schon gewusst?

Auf dem Grabstein des Österreichers Prof. Dr. Emanuel Herrmann steht „Der Erfinder der Postkarte". Er schrieb 1869 einen Artikel, in dem er ein niedrigeres Porto für Postkarten forderte; darum bezeichnen manche Leute ihn als Erfinder der Postkarte.

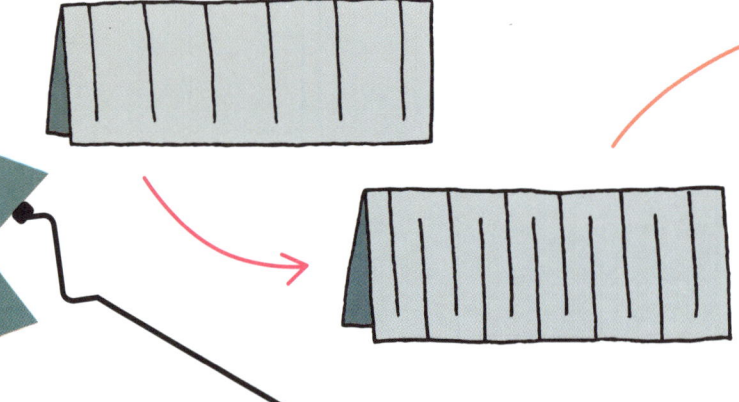

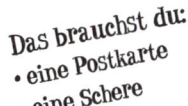

Das brauchst du:
- eine Postkarte
- eine Schere

4. Jetzt schneidest du die Postkarte an der Faltkante entlang auf – aber nur bis zum jeweils letzten Schnitt vor den kurzen Seiten, den Rest lässt du stehen. Jetzt kannst du die Karte öffnen und durch das Loch in der entstandenen Papierkette steigen.

Ich wünschte, du wärst hier!

Schneide von der Faltkante weg.

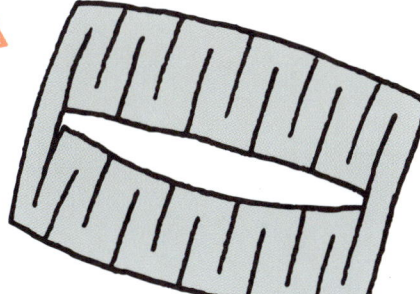

Der wissenschaftliche Kram
Du schneidest hier eine rechteckige Karte zu einem langen zusammenhängenden Kreis. Scheint unmöglich? Nicht, wenn man weiß, wie.

Boing Boing

Für alle

Wetteiferst du mit deinen Freunden manchmal darum, wer einen Ball am höchsten prellen kann? Mit diesem Trick springen deine Bälle wie mit der Schleuder abgeschossen – da wird dich jeder drum beneiden. Schluss mit dem Gelächter in den hinteren Reihen, fangen wir an …

Das brauchst du:
- einen Tennisball
- einen Fußball

Los gehts

1. Schließ eine Wette mit deinen Freunden ab, wessen Ball am höchsten springt, wenn man ihn einfach fallen lässt – sie werden den Ball so hoch wie möglich halten und ihn so hart, wie sie nur können, auf den Boden schmettern, um mehr Schwung zu kriegen.

2. Lass sie das eine Weile probieren, dann lass sie zurücktreten, damit du Platz hast. Nimm den Fußball in die eine und den Tennisball in die andere. Bevor du sie fallen lässt, geh sicher, dass sie sich berühren, der Tennisball liegt auf dem Fußball.

3. Lass die Bälle los; wenn sie landen, springt der Fußball so hoch wie sonst auch, aber der Tennisball wird viel höher springen als alle anderen Bälle.

Hast du das gewusst?

Der offizielle Spielball der Fußball-WM 2010 in Südafrika, der Adidas Jabulani (das heißt auf Zulu „sich freuen" oder „feiern"), wurde als der „rundeste Fußball aller Zeiten" bezeichnet. Er bestand aus acht besonders geformten Segmenten; die Oberfläche war geriffelt, um das Flugverhalten zu verbessern.

Energie wird freigesetzt. Der Tennisball geht total ab!

Der wissenschaftliche Kram

Wenn du einen Fußball oder Tennisball in die Luft hältst, bekommt er potenzielle Energie. Man könnte auch gespeicherte Energie sagen; sie hängt von der Position eines Objektes ab (ein Ball 3 Meter über dem Boden hat mehr potenzielle oder gespeicherte Energie als einer, der sich nur 1,5 Meter über dem Boden befindet), und auch von der Anordnung seiner Moleküle (ein gequetschter Ball hat mehr potenzielle Energie als ein ungequetschter).

Wenn du den Ball fallen lässt und er auf dem Boden aufkommt, nimmt der Ball diese Energie auf, während er auf den Boden gedrückt und dabei verformt wird, und sie wird freigesetzt, wenn der Ball wieder seine normale Form annimmt. Dadurch wird er hochgeschleudert.

Wenn du zwei Bälle benutzt, springt der Tennisball höher, weil er seine eigene potenzielle Energie freisetzt und die des Fußballs dazukommt – der ja im selben Moment vom Boden hochspringt –, was bedeutet, dass der Tennisball hochschießt wie abgefeuert und du die Wette gewinnst.

Das Möbiusband

Alles hat ein Ende, zumindest behaupten die Leute das. Dieser Trick beweist aber, dass es sehr wohl Dinge gibt, die einfach immer und immer und immer weitergehen ...

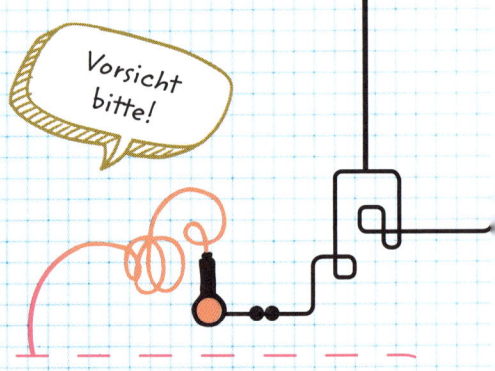

Vorsicht bitte!

Das brauchst du:
- einen Papierstreifen, 50 cm x 2 cm
- Tesafilm
- einen Stift
- eine Kamera (eine Handykamera reicht völlig aus)

Los gehts

1. Halte den Papierstreifen an beiden Enden, jeweils mit Daumen und Zeigefinger. Drehe den Papierstreifen an einem Ende um 180° (sodass die Unterseite nach oben zeigt) und halte dann die beiden Enden zusammen.

2. Bitte jemanden, den Streifen so festzuhalten, während du die Enden mit Tesafilm zusammenklebst. Jetzt gib deinem Helfer den Stift und bitte ihn, auf eine Seite des Papierstreifens eine Mittellinie zu malen. Angefangen wird an der Klebestelle, dann geht es weiter, bis die Linie am Ausgangspunkt angekommen ist.

3. Während dein Helfer damit beschäftigt ist, machst du die Kamera einsatzbereit. Wenn dein Helfer mit der Linie fertig ist, weise ihn darauf hin, dass er auf beide Seiten des Papiers gemalt hat, ohne ein einziges Mal den Stift zu heben. Mach ein Bild von seinem verdutzten Gesicht.

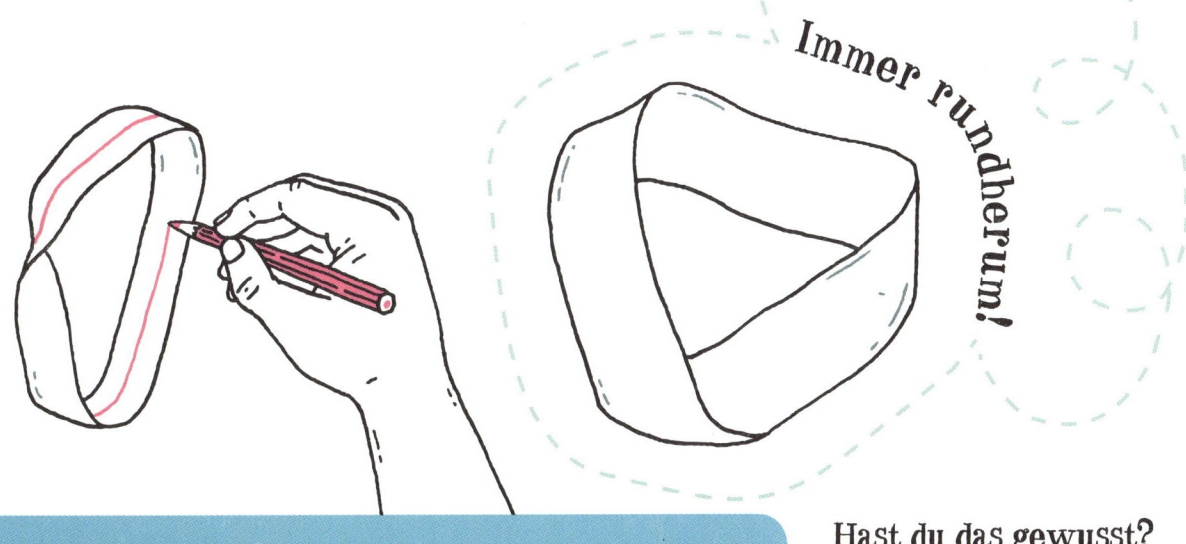

Immer rundherum!

Der wissenschaftliche Kram

Zwei deutsche Mathematiker, August Ferdinand Möbius und Johann Benedict Listing, haben unabhängig voneinander 1858 das Möbiusband erfunden. Es hat nur eine Kante und eine Fläche, das heißt, man weiß nicht, wo oben und wo unten, außen oder innen ist.

In der Mathematik kann das Möbiusband mithilfe der Euklidischen Geometrie oder der Topologie dargestellt werden, das ist ein Gebiet der Mathematik, das sich mit der Verformung von Strukturen befasst. Da gehen wir jetzt aber nicht zu sehr in die Tiefe – was für uns wichtig ist, ist, dass wir bei diesem Trick die Oberseite und die Unterseite so miteinander verbinden, dass sie eins werden.

Hast du das gewusst?

Das Möbiusband wird auf vielerlei verschiedene Arten in Wissenschaft, Technologie und Industrie genutzt. Eine der häufigsten Anwendungsarten ist das magnetische Band, das früher in der Musik- und Radioindustrie verwendet wurde. Anders als ein normales Band, das nur auf einer Seite bespielt werden kann, kann man ein Möbiusband auf beiden Seiten bespielen.

Supercooles Wasser

Der oder die Coolste will ja wohl jeder sein, und mit diesem Trick brichst du garantiert das Eis auf jeder Party! Dieses kleine Kunststück ist simple Chemie, aber total faszinierend. Im Mittelpunkt steht eine scheinbar normale Flasche Mineralwasser, die beim Öffnen sofort gefriert.

Vorsicht bitte!

Schraub

Das Zischen kommt von der Kohlensäure.

Eis in Sekunden – Zauberei!

Chemische Reaktion!

Der wissenschaftliche Kram

Sprudelndes Mineralwasser enthält Kohlensäure (gelöstes Kohlenstoffdioxid) und ein wenig Salz. Es gefriert daher bei einer niedrigeren Temperatur als gewöhnliches Wasser (ungefähr bei -8° C). Es ist also auch unter dem normalen Wassergefrierpunkt noch flüssig. Wenn die Flasche geöffnet wird, wird die Kohlensäure freigesetzt (du hörst das Zischen, wenn du den Deckel aufschraubst), der Gefrierpunkt des Wasser steigt … und das Wasser gefriert vor deinen Augen.

Das brauchst du:

- eine Plastikflasche Mineralwasser; benutze auf KEINEN Fall eine Glasflasche!
- eine Gefriertruhe

Los gehts

1. Steck die Mineralwasserflasche in die Gefriertruhe. Eine 500 ml-Flasche braucht ungefähr zwei Stunden, aber natürlich hängt das von der Temperatur in der Gefriertruhe und der Größe der Flasche ab.

2. Wenn du eine Party gibst, biete einem deiner Gäste – jemandem, der keinen Alkohol trinken darf, oder jemandem, der echte Zauberei zu schätzen weiß – von deinem „Zauberwasser" an.

3. Nimm die Flasche aus der Gefriertruhe, gib sie deinem Opfer und bitte es, sie zu öffnen. Wenn der Deckel abgeschraubt wird, gefriert der Inhalt der Flasche sofort vor aller Augen. Mach dich bereit, Leute, die ohnmächtig umfallen, aufzufangen!

Wasser mit Kohlensäure wurde von dem englischen Kleriker und Chemiker Joseph Priestley entwickelt. Er wohnte direkt neben einer Brauerei und fing an, mit einem Brauereigas zu experimentieren, das man „feste Luft" nannte. 1772 stellte er seine Erfindung vor, Sodawasser, das durch die Anreicherung von Wasser mit fester Luft hergestellt wurde.

Hast du das gewusst?

Gebogenes Licht

Es ist allgemein bekannt, dass ein Lichtstrahl sich immer auf einer geraden Linie bewegt. Umso cooler ist es natürlich, wenn man die Gesetze der Physik aushebelt und es schafft, einen Lichtstrahl zu biegen. Yoda würde sagen, „Wie ein Lichtschwert zu haben, beinahe so cool es ist".

Der wissenschaftliche Kram

Licht bewegt sich wirklich immer auf geradem Weg fort, dabei nimmt es den Weg des geringsten Widerstandes. Das ist eine der Konstanten des Universums.

Bei diesem Trick fällt der Lichtstrahl durch Wasser. In dem Moment, wo der Wasserstrahl die Luft erreicht, wird das Licht von dieser Grenze zurück in den Wasserstrahl reflektiert. Jedes Mal, wenn das Licht diese Grenze erreicht, wird es zurückgeworfen, darum sieht es aus, als biege sich der Lichtstrahl. Diese Eigenschaft des Lichts lässt auch zu, dass es durch optische Kabel geleitet wird.

Das brauchst du:
- eine durchsichtige Plastikflasche
- eine große Nadel
- eine gute Taschenlampe
- ein Waschbecken (Küche oder Bad)

Los gehts

1. Erkläre deinen Freunden, dass Physik Quatsch ist und du das beweisen kannst. Vermutlich werden sie sich über dich lustig machen, aber (hoffentlich) wird die Neugier dafür sorgen, dass sie das doch sehen wollen.

2. Fülle die Flasche mit Wasser und schraube sie wieder zu. Pikse mit der Nadel ein Loch in die Flasche, ungefähr ein Viertel vom Boden entfernt; da das Loch klein ist, sollte das Wasser eigentlich nicht rausspritzen. Stell die Flasche neben das

Waschbecken, das Loch sollte zum Becken hin zeigen.

3. Mach das Licht aus. Leuchte mit der Taschenlampe durch die Flasche hindurch auf das Loch. Nimm den Deckel von der Flasche.

4. Das Wasser, das aus dem Loch spritzt, wird von der Taschenlampe beleuchtet, und das Licht wird mit dem Wasserstrahl in das Waschbecken strahlen. Du hast die Gesetze der Physik ausgehebelt und einen Lichtstrahl gebogen. Kompliment!

Hast du das gewusst?

Im Mittelalter lebte ein muslimischer Wissenschaftler namens al-Hassan Ibn al-Haytham; er wurde 965 nach Christus geboren. Er stellte erste Untersuchungen mit Licht an. Unter anderem bewies er, dass wir sehen können, weil Licht in unsere Augen eindringt; die vorherrschende Meinung zu seiner Zeit war, zum Beispiel vertreten von Plato, Euklid und Ptolemäus, dass Licht aus unseren Augen auf die Dinge scheint, die wir sehen.

Dosenquetscher

Actionhelden und Kraftmenschen zerquetschen manchmal Dosen, um zu zeigen, was für harte Kerle sie sind. Das kannst du aber auch. Verblüffe deine Freunde, indem du eine Getränkedose zerquetschst ... mit wissenschaftlichen Mitteln! Ob du es glaubst oder nicht, Hirnschmalz ist stärker als Muskeln.

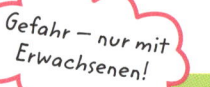

Gefahr – nur mit Erwachsenen!

Der wissenschaftliche Kram

Bevor sie erwärmt wird, ist die Dose mit Wasser und Luft gefüllt. Wenn das Wasser gekocht wird, geht es vom flüssigen in den gasförmigen Zustand über (Wasserdampf). Der Wasserdampf drückt die Luft, die ursprünglich in der Dose war, in die Atmosphäre. Wenn du die Dose umdrehst und ins Wasser legst, kondensiert der Wasserdampf und wird wieder zu Wasser. Im flüssigen Zustand sind die Wassermoleküle viel dichter gepackt als im gasförmigen Zustand: Der Wasserdampf, der das Innere der Dose gefüllt hat, verwandelt sich in ein, zwei Tropfen Flüssigkeit, die viel weniger Platz braucht.

Diese kleine Menge Wasser kann nicht viel Druck auf die Innenwände der Dose ausüben. Der Luftdruck von außen ist so stark, dass er die Dose zerdrückt.

Wasserdruck wirkt genauso wie Luftdruck. Wenn du eine verschlossene Dose auf die Meeresoberfläche legst, schwimmt sie. Wenn du sie aber auf den Meeresboden transportieren könntest, würde sie vom Wasserdruck zerquetscht werden – und du auch!

Hast du das gewusst?

Los gehts

1. Bitte einen Freund, eine Dose zu zerdrücken – er wird sich für einen supercoolen Kerl halten. Jetzt erkläre ihm, dass du das ohne Hände kannst – das wird er dir natürlich nicht glauben. Kümmere dich nicht um ihn und gib einen Teelöffel Wasser in die zweite Dose.

2. Stell die Dose auf eine Herdplatte und schalte diese an. Bring das Wasser zum Sieden. Wenn es soweit ist, wird Wasserdampf aus der Dose aufsteigen. Lass es ungefähr 30 Sekunden sieden.

3. Nimm die Dose vorsichtig mit einer Küchenzange und Ofenhandschuhen über den Händen vom Herd und stell sie kopfüber in das kalte Wasser. Eine unsichtbare Kraft wird die Dose zerquetschen.

Das brauchst du:
- zwei saubere, leere Getränkedosen
- eine Schüssel kaltes Wasser
- eine Küchenzange
- Ofenhandschuhe
- eine Herdplatte

Kondensation

Der Druck drückt!

kaltes Wasser

Die Dose schrumpft zusammen.

Münzenfangen

Rinnt dir das Geld auch dauernd durch die Finger? Aber zumindest kannst du dafür sorgen, dass es dir nicht einfach runterfällt. Bei diesem Trick musst du schneller sein als die Schwerkraft: Ja, das hier ist der klassische „Leg dir eine Münze auf den Ellbogen und fang sie"-Trick. Da man das Geld ja am Lebensende bekanntlich nicht mitnehmen kann, solltest du unbedingt etwas Vernünftiges damit anfangen.

Hast du das gewusst?
Der aktuelle Weltrekord im Münzenfangen liegt bei 328 Münzen und wurde 1993 von Dean Gould aus Großbritannien aufgestellt. Er hält auch die Rekorde fürs Bierdeckelfangen und Pfannkuchenwerfen.

Der wissenschaftliche Kram
Natürlich schwebt die Münze nicht in der Luft. Aber sie braucht einen Moment länger, um in Bewegung zu kommen, als dein Ellbogen. Dafür können wir dem Trägheitsgesetz danken. Man nennt es auch das Erste Newtonsche Gesetz; es beschreibt den Widerstand eines Objekts gegen eine Veränderung seiner Geschwindigkeit. Die Münze wird von der Schwerkraft am Anfang nur langsam beschleunigt, sodass du sie dir aus der Luft schnappen kannst.

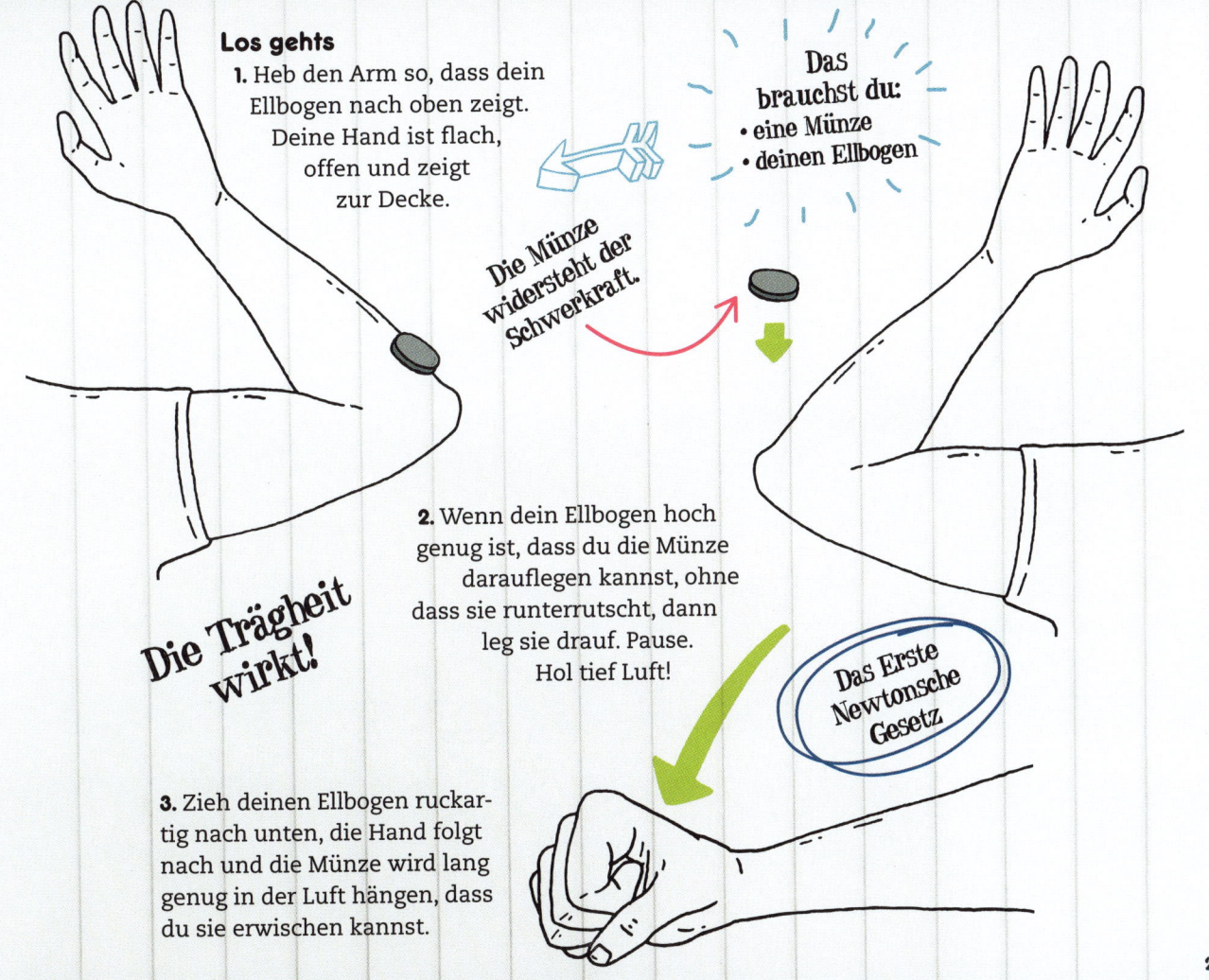

Hitze-
wallungen

Vorsicht bitte!

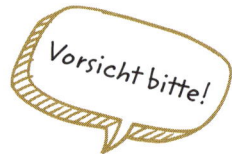

Gegensätze ziehen sich ja bekanntlich an – das stimmt aber nicht immer. Dieses Experiment zeigt, wie Hitze Wasser und sein Verhalten beim Vermischen beeinflusst.

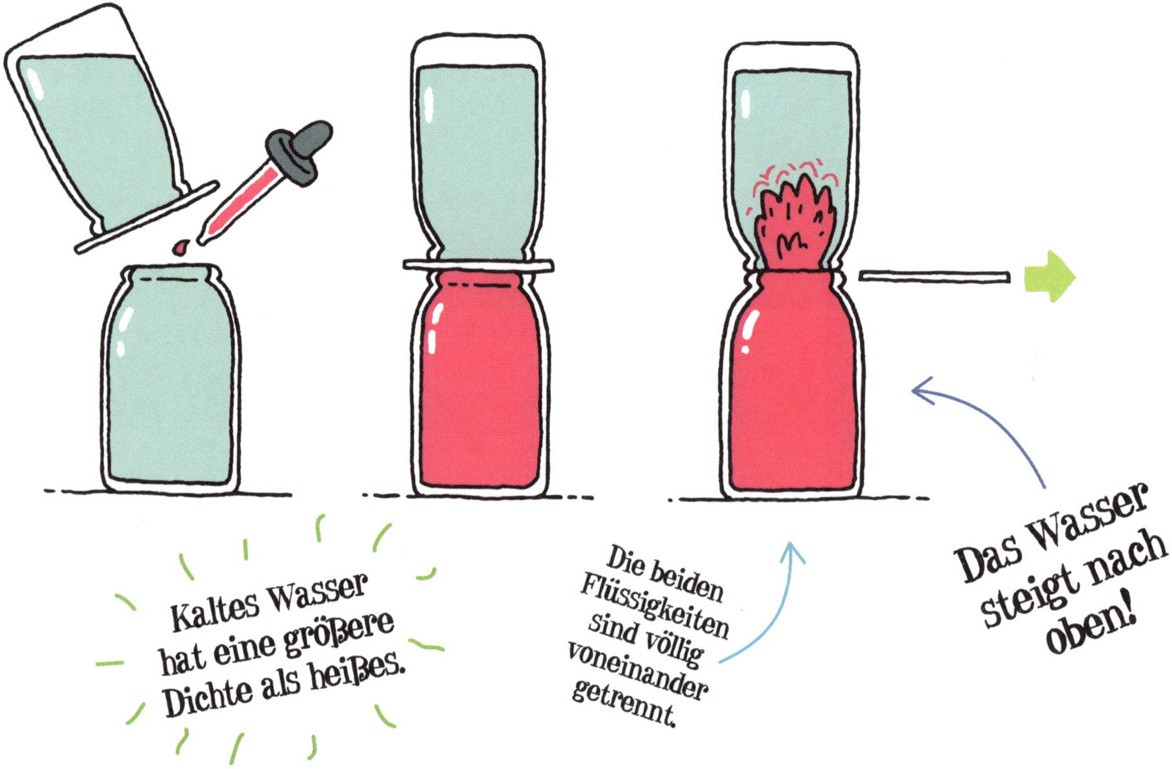

Kaltes Wasser hat eine größere Dichte als heißes.
Die beiden Flüssigkeiten sind völlig voneinander getrennt.
Das Wasser steigt nach oben!

Das brauchst du:
- zwei gleiche Gläser
- ein Stück steife Pappe, groß genug, um die Öffnung der Gläser abzudecken
- zwei verschiedene Lebensmittelfarben
- heißes und kaltes Wasser

Hast du das gewusst?
Die meisten Stoffe sind am dichtesten, wenn sie gefroren sind, aber Wasser ist eine Ausnahme. Es hat seine größte Dichte bei ca. 4 °C; wenn es gefriert, wird es wieder weniger dicht. Deshalb schwimmt Eis auf dem Wasser.

Los gehts

1. Fülle ein Glas bis an den Rand mit kaltem Wasser. Lass den Heißwasserhahn laufen, bis das Wasser etwas heißer ist, als in der Badewanne angenehm wäre. Fülle das andere Glas ebenfalls randvoll mit heißem Wasser.

2. Lass ein paar Tropfen rote Lebensmittelfarbe in das heiße Wasser fallen und ein paar Tropfen blaue Lebensmittelfarbe in das kalte Wasser.

3. Halte die Pappe über die Öffnung des Glases mit dem heißen Wasser, drehe es um und setze es genau auf das andere Glas. Schiebe die Ränder der Gläser genau übereinander und zieh langsam die Pappe heraus. Es passiert – nichts. Die Wassermassen vermischen sich nicht.

4. Wiederhole die Schritte 1-3, aber dieses Mal kommt das Glas mit dem kalten Wasser nach oben – Simsalabim, die Wassermassen vermischen sich!

Der wissenschaftliche Kram
Flüssigkeiten mit einer niedrigeren Dichte schwimmen auf solchen mit höherer Dichte. Dieser Trick beweist, dass heißes Wasser eine weniger große Dichte hat als kaltes. Durch die Hitze bewegen sich die Moleküle, wodurch zwischen ihnen größere Abstände entstehen als in kaltem Wasser. Das verringert die Dichte.

Luftballon-Schaschlik

Luftballons sind cool: Man bläst sie auf, schnippt sie ein wenig durchs Zimmer und vergisst sie dann. Dann liegen sie in einer Ecke hinter dem Sofa und langsam geht ihnen die Luft aus. Lass das nicht zu, schnapp dir einen Ballon und mach einen Star aus ihm.

Der wissenschaftliche Kram

Alle Dinge bestehen aus winzigen Molekülen. Ballons bestehen aus Polymeren, das sind lange Molekülketten. Unter einem Hochleistungs-Mikroskop kannst du die Abstände zwischen ihnen sehen.

An den Seiten eines Ballons sind die Polymere bis zum Bersten gedehnt; wenn ein Schaschlikspieß hindurch will, haben die Moleküle keinen Platz zum Ausweichen. Die Molekülketten brechen auseinander und der Ballon platzt.

An den Enden des Ballons sind mehr Polymere locker nebeneinander. Hier kann der Schaschlikspieß die Polymere zur Seite drücken und durchdringen, ohne dass der Ballon platzt. Die Vaseline verringert die Reibung und unterstützt dadurch diesen Prozess.

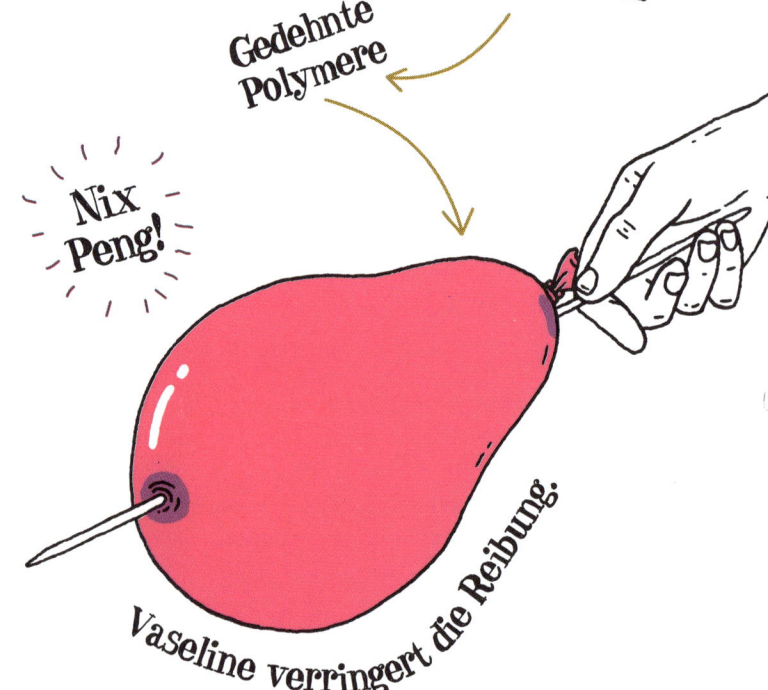

Das brauchst du:
- einen Luftballon
- einen Schaschlikspieß aus Holz
- Vaseline oder ähnliches

Hast du das gewusst?
1824 erfand der englische Wissenschaftler Michael Faraday den Gummiballon, der ihm erlaubte, mit verschiedenen Gasen zu experimentieren. Seine Ballons waren aus zwei zusammengesetzten Gummischichten aufgebaut; obwohl er damit experimentieren konnte, neigten die Gase dazu, zu entwischen. Die Idee setzte sich aber fest und das Design der Ballons wurde bald verbessert.

Los gehts

1. Du bist auf einer Party, überall liegen und fliegen Ballons herum, und die Kinder sind außer Kontrolle. Es gibt nur einen Weg, sie zum Schweigen zu bringen: einen Ballon aufzuspießen.

2. Hol dir aus der Küche einen hölzernen Schaschlikspieß; achte darauf, dass die Spitze schön scharf ist (stich dir aber nicht das Auge damit aus). Schmier ein bisschen Vaseline auf die Spitze und schlendere lässig zurück in den Tumult. Frag ein kleines Kind, ob du seinen Ballon haben kannst. Wenn es nicht will, biete ihm Süßigkeiten im Tausch an – das dürfte wirken.

3. Rufe laut „Wer will was cooles Wissenschaftliches sehen?", um die Aufmerksamkeit auf dich zu ziehen; wenn das nicht funktioniert, huste laut. Warte, bis es ruhig ist und stoße dann langsam das spitze Ende des Spießes in den Ballon. Fang nah beim Knoten an, wo der Ballon am dunkelsten ist.

4. Während das Publikum den Atem anhält, schiebst du den Spieß durch den Ballon und am entgegengesetzten Ende wieder nach draußen, wieder an der Stelle, wo der Ballon am dunkelsten ist. Freue dich an der Stille, während alle rätseln, wie du das gemacht hast.

Feuerlöscher

Gefahr – nur mit Erwachsenen!

Wenn du deine Freunde das nächste Mal beeindrucken willst, probier mal, eine Kerze auszublasen – ohne deine Lungen zu benutzen! Das lässt dich nicht nur ziemlich clever aussehen, sondern du lernst dabei auch ein bisschen ziemlich coole Chemie.

In dem Becher sprudelt Kohlenstoffdioxid.

Feuer braucht zum Brennen Sauerstoff.

Los gehts

1. Besorg dir im Supermarkt ein paar Teelichter. Normale Kerzen gehen auch, aber befestige sie sicher in einem Kerzenhalter oder auf einer festen Oberfläche. Sie sollen ja während des Tricks nicht umfallen.

2. Zünde die Kerzen vorsichtig an. Anstatt sie sofort auszublasen, sag, dass du noch einen Moment brauchst, und verschwinde wieder in die Küche.

Das brauchst du:
- ein paar Kerzen (Teelichter sind ideal)
- eine Schachtel Streichhölzer
- einen Teelöffel Backpulver
- 150 ml Essig
- einen Messbecher
- ein Glas

3. Gieße den Essig in den Messbecher. Schütte das Backpulver dazu und lass die Mischung blubbern. Decke den Messbecher mit einem Blatt Papier ab und warte, bis das Blubbern nachgelassen hat.

4. In dem Becher hat sich Kohlenstoffdioxid gebildet. Nimm ein weiteres Glas und kippe das Gas vorsichtig hinein, ohne dass die Pampe aus dem Messbecher mitgeht. Kohlenstoffdioxid ist schwerer als Luft, darum wird es in dem Glas nach unten sinken, wenn du den Messbecher über dem Glas leicht kippst.

5. Trag das Glas vorsichtig zu den Kerzen. Halt ihn genau darüber und auch schräg, sodass das unsichtbare Gas entweichen kann. Oh Wunder, Luft löscht Kerzen!

Der wissenschaftliche Kram

Backpulver enthält Natriumhydrogencarbonat oder Natron ($NaHCO_3$), Essig ist ein schwache Säure (CH_3CO_2H), die in Wasser gelöst ist. Natron reagiert mit Säure (in diesem Fall dem Essig) und erzeugt dabei Kohlenstoffdioxid (CO_2); das Kohlenstoffdioxid verringert die Menge an Sauerstoff in der Luft um die Kerzen herum. Die Kerzen brauchen Sauerstoff zum Brennen, darum gehen die Flammen aus, wenn der Sauerstoff in der Luft weniger wird. Kohlenstoffdioxid ist schwerer als Luft, darum kann es, wenn der Becher schräg über die Kerzen gehalten wird, die sie umgebende Luft verdrängen und die Flammen löschen.

Schon gewusst? Bei elektrischen Bränden sollten nur Kohlenstoffdioxidfeuerlöscher benutzt werden; sie können auch für brennende Flüssigkeiten verwendet werden.

Tanzende Streichhölzer

Für alle

Dinge nur durch Gedanken bewegen, ohne sie anzufassen, das könnten wir doch alle gerne. Stell dir mal vor, du könntest die Fernbedienung des Fernsehers einfach aus dem Regal holen, wo du sie hingelegt hattest, oder einen Schokoriegel aus der Küche, während du auf dem Sofa sitzenbleibst – du könntest den ganzen Tag gemütlich die Beine hochlegen. Leider lernst du hier keine Telekinese, aber dafür, wie du mithilfe von Schallwellen Streichhölzer tanzen lassen kannst.

Das brauchst du:
- zwei Streichhölzer
- zwei Weingläser
- Wasser

Los gehts

1. Fülle die Gläser jeweils zu einem Viertel mit Wasser. Es sollte in allen Gläsern gleich viel drin sein.

2. Lege die Streichhölzer auf den Rand eines Glases. Mach deinen Finger nass und fahre dann damit um den Rand des Glases ohne Streichhölzer. Das Glas fängt an zu tönen.

3. Lass das Glas weiter Musik machen und schiebe es auf das Glas mit den Streichhölzern zu. Wenn es näherkommt, werden die Streichhölzer plötzlich anfangen, sich zu bewegen.

Schon gewusst? Wir können hören, weil unser Trommelfell durch die Schallwellen, die von der Geräuschquelle kommen, anfängt zu vibrieren. Telefone funktionieren genauso; sie wandeln die Schallwelle in ein elektrisches Signal um, übertragen es und verwandeln es dann wieder in eine Schallwelle zurück.

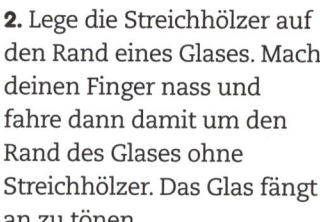

Der wissenschaftliche Kram

Schallwellen können große Kräfte entwickeln. Vielleicht hast du schon von Opernsängern gehört, die mit ihren Stimmen Gläser zerspringen lassen können. Genau dasselbe Prinzip ist hier im Spiel. Wenn du mit deinem Finger den Rand eines Glases entlangfährst, beginnt das Glas zu vibrieren; dabei macht es einen hohen Ton. Dieser Ton ist eine Schallwelle, und da das andere Glas dieselbe Wassermenge enthält und deshalb in derselben Tonhöhe funktioniert, nimmt es die Schallwelle auf und vibriert ebenfalls. Die Vibrationen bewegen das Glas ein winziges bisschen, und diese Bewegung lässt die Streichhölzer tanzen.

Danke!

Fahr mit dem Finger den Glasrand entlang.

Rück die Gläser aneinander heran – das gibt Schwung!

Die Streichhölzer beginnen zu tanzen.

Fliegende Eier

Vorsicht bitte!

Dieses großartige Beispiel für das Trägheitsgesetz wird dein Publikum begeistern!

Das brauchst du:
- drei Eier
- drei Klorollen
- drei becherförmige Gläser
- Wasser
- ein Tablett (unten komplett flach, ohne vorstehende Ränder)

Der wissenschaftliche Kram

Bei diesem Trick dreht sich alles um das Trägheitsgesetz von Isaac Newton. Weil die Klorollen aus Pappe relativ leicht sind, werden sie mit dem Tablett weggezogen, wenn es sich bewegt. Die Eier sind schwerer und darum braucht es mehr Kraft, um sie zu bewegen; da die notwendige Kraft hier nicht angewendet wird, fallen sie stattdessen in die Gläser unter dem Tablett.

Hast du das gewusst?

Alles, was stillsteht, ist träge, das heißt, es wird sich nicht von selbst bewegen. Alles, was sich bewegt, hat Schwung, das heißt, es wird nicht von allein langsamer oder schneller werden oder die Richtung ändern. Zwischen Stillstand und Bewegung besteht kein Unterschied, weil alles im Universum sich bewegt. Dinge wirken nur so, als ob sie stillstehen, weil sie sich im Verhältnis zu etwas anderem nicht bewegen.

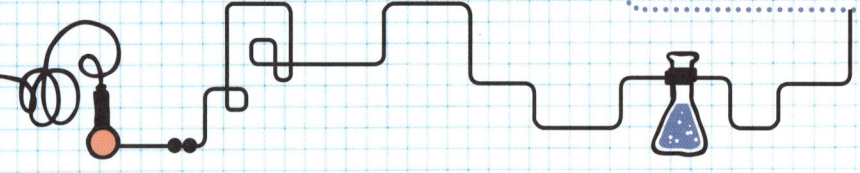

Hau gegen das Tablett – und die Eier fallen!

Los gehts
Wenn du nervös bist, fang vielleicht erst einmal mit einem Ei an und arbeite dich dann vor bis zum kompletten Omelett.

1. Stell deine Gläser auf einer rutschfreien Fläche in einem Dreieck auf.

2. Füll die Gläser zu drei Vierteln mit Wasser und stell dann das Tablett darauf. Setze die Klorollen aufrecht auf das Tablett, und zwar jede genau über ein Glas. Jetzt kommt noch auf jede Klorolle ein Ei.

3. Hol tief Luft und schlage kräftig gegen das Tablett, sodass es seitwärts von den Gläsern wegfliegt. Öffne die Augen – die drei Eier werden sich jetzt in den Gläsern befinden. Brillant!

Die Eier landen in den Gläsern!

Arme hoch!

Viele Leute träumen davon, dass sie fliegen können, und es kann ganz schön niederschmetternd sein, aufzuwachen und festzustellen, dass man es nicht kann. Bei diesem Experiment hast du aber tatsächlich das Gefühl, dass du auf und davon fliegst. Dieser Trick ist echt erste Sahne – mach dich bereit zum Start!

Der wissenschaftliche Kram

Jede Bewegung deines Körpers ist das Ergebnis eines Gegeneinanderwirkens verschiedener Muskeln. In diesem Fall, wenn du versuchst, deine Arme nach oben zu bewegen, spannt sich ein Muskel an (der Trizeps), während ein anderer sich entspannt (der Bizeps). Wenn du deine Jeans loslässt, geben deine Muskeln, weil du so lange an dem Stoff gezogen hast, zurückgehaltene Energie frei und deine Arme scheinen sich von allein zu bewegen.

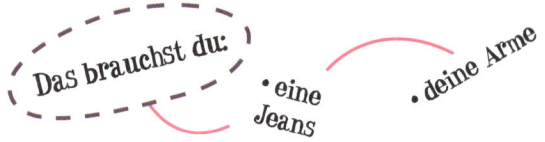

Los gehts

1. Stell dich mit schulterbreiten Beinen hin und lass die Arme an den Seiten herunterhängen.

2. Greif mit geraden Armen je eine Faustvoll Jeansstoff und fang an, nach außen zu ziehen, weg von deinen Beinen. Mach das so lange und so fest du kannst.

3. Wenn du das Gefühl hast, deine Arme würden gleich vor Anstrengung abfallen, lass den Stoff los und entspann deine Arme. Huii – sie schweben von allein nach oben.

Hast du das gewusst?

Im Durchschnitt bestehen ungefähr 40 Prozent deines Körpers aus Muskeln. Du hast mehr als 630 davon. Muskeln können nicht drücken, nur ziehen, und wie man bei diesem Trick sieht, arbeiten sie oft paarweise, sodass wir in verschiedene Richtungen ziehen können.

Lavalampe

Lavalampen, in denen farbige Flüssigkeiten brodelten, waren in den Sechziger- und Siebzigerjahren groß in Mode. Das Coole ist: So ein Ding kann man sich ganz einfach selbst bauen.

Vorsicht bitte!

Das brauchst du:
- eine große Flasche Speiseöl
- Lebensmittelfarbe auf Wasserbasis
- 500 ml Wasser
- eine Brausetablette, z. B. Vitamin C
- eine durchsichtige Zwei-Liter-Flasche aus Plastik

Schon gewusst?
Die Lavalampe kam 1963 als sogenannte Astrolampe auf den Markt. Sie wurde von dem englischen Erfinder Edward Craven Walker entwickelt; er war auch ein Pionier des Naturismus.

Los gehts

1. Leg eine Jimi-Hendrix-Platte auf; wir machen eine Zeitreise und veranstalten eine tolle Party.

2. Füll 500 ml Wasser in die Flasche; den Rest der Flasche füllst du mit Speiseöl auf. Warte, bis sich Wasser und Öl voneinander getrennt haben.

3. Gib ungefähr 10 Tropfen Lebensmittelfarbe dazu. Warte, bis die Farbe auf den Flaschenboden gesunken ist und sich mit dem Wasser vermischt hat.

4. Wirf die Tablette hinein und mach einen Schritt zurück. Wer braucht da noch einen Fernseher?

Der wissenschaftliche Kram

Die naturwissenschaftlichen Prozesse laufen in drei Stufen ab, und alle drei müssen zusammenwirken, damit die Lavalampe funktioniert.

Stufe 1: Wasser ist dichter als Öl, darum sinkt es auf den Boden der Flasche, während das Öl darüber schwimmt. Die Lebensmittelfarbe ist ebenfalls dichter als Öl, weshalb sie durch das Öl hindurch nach unten sinkt, ohne sich mit ihm zu vermischen.

Stufe 2: Die Brausetablette fängt erst dann an zu schäumen, wenn sie das Wasser erreicht hat. An diesem Punkt wird Kohlenstoffdioxid ins Wasser abgegeben. Die Dichte des Wasser wird dadurch verringert. Darum steigt das farbige Wasser ins Öl auf.

Stufe 3: Wenn das Kohlenstoffdioxid oben angekommen ist, verlässt es die Flasche, das Wasser sinkt wieder ab und wir sind wieder bei Stufe 2.

Wer sieht da noch fern?

Krass!

Kohlenstoffdioxid verringert die Dichte des Wassers.

Das farbige Wasser bewegt sich.

Das unmögliche Papier

Papierschnitte tun weh und nerven ... wenn du Langeweile hast, kann dieser irre Papiertrick aber ganz unterhaltsam sein.

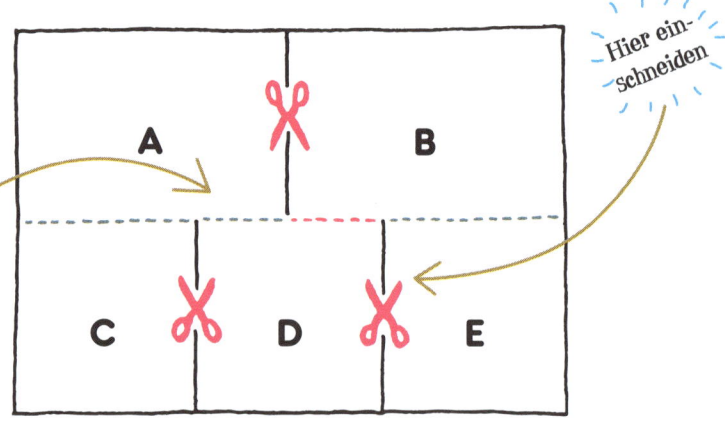

Los gehts
1. Falte das Papier der Länge nach zur Hälfte, öffne es dann wieder und streiche es glatt.

2. Schneide das Papier von der Mitte der langen Seite aus bis zum Knick hin ein (damit teilst du das Stück Papier auf dieser Seite in zwei gleiche Teile). Auf der anderen langen Seite machst du zwei Schnitte vom Rand bis zum Knick (damit teilst du diese Seite in drei gleiche Teile).

Der wissenschaftliche Kram
Wenn du das Endergebnis zeigst, werden die Zuschauer das Papier als ein flaches Objekt einschätzen, ohne zu erkennen, dass eine Verdrehung seiner Achse diesen Trick möglich macht. Wenn die zwei Seiten des Papiers unterschiedliche Farben hätten, wäre sofort alles klar.

Mach deine Freunde sprachlos!

> **Hast du das gewusst?**
> Origami, abgeleitet vom japanischen „kami" („Papier") und „ori" („falten") ist die Kunst des Papierfaltens. Das Peace Piece Project in Japan hält den Rekord für den größten Origami-Kranich. Er wurde 2009 gefaltet und hatte eine Flügelspannweite von mehr als 81m.

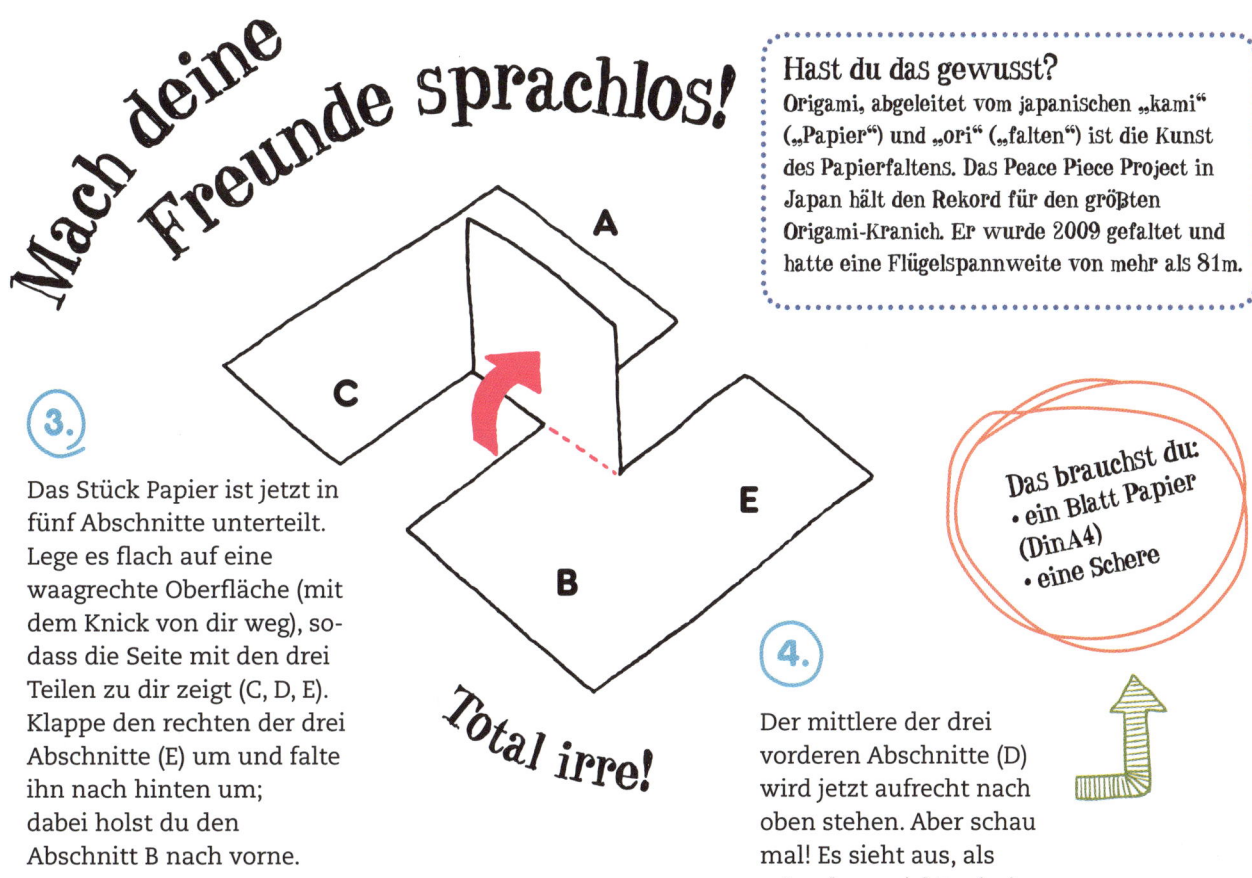

Total irre!

Das brauchst du:
- ein Blatt Papier (DinA4)
- eine Schere

3.
Das Stück Papier ist jetzt in fünf Abschnitte unterteilt. Lege es flach auf eine waagrechte Oberfläche (mit dem Knick von dir weg), sodass die Seite mit den drei Teilen zu dir zeigt (C, D, E). Klappe den rechten der drei Abschnitte (E) um und falte ihn nach hinten um; dabei holst du den Abschnitt B nach vorne.

4.
Der mittlere der drei vorderen Abschnitte (D) wird jetzt aufrecht nach oben stehen. Aber schau mal! Es sieht aus, als wäre da zu viel Papier!

Schwebendes Wasser

Immer mal wieder sieht man etwas, das die Gesetze der Wissenschaft außer Kraft zu setzen scheint. Eine Hummel dürfte eigentlich nicht fähig sein zu fliegen, aber sie tut es; und dieser kleine Trick ist genauso überraschend. Ist es wirklich möglich, ein Glas Wasser umzudrehen, ohne dass Wasser herausfließt? Ja, das ist es – und so gehts:

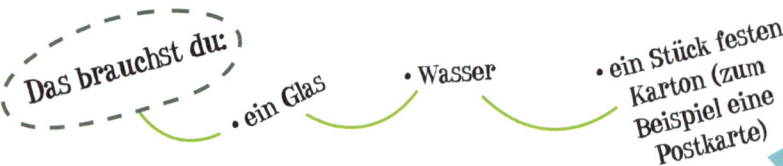

Das brauchst du:
- ein Glas
- Wasser
- ein Stück festen Karton (zum Beispiel eine Postkarte)

Los gehts

1. Fülle das Glas bis zum Rand mit Wasser.

2. Lege den Karton obendrauf und klopfe in der Mitte ans Glas, damit er auch hält. Halte den Karton mit einer Hand fest und drehe das Glas um.

3. Vergewissere dich, dass das Glas ganz gerade ist, der Karton muss parallel zum Boden sein. Lass den Karton los und... es passiert nichts! Der Karton hält, das Wasser bleibt im Glas.

Der Luftdruck sinkt, wenn man in größere Höhen kommt. Das ist ungesund für Menschen, weil ihnen Sauerstoff fehlt. Darum wird zum Beispiel in Flugzeugen der Luftdruck in der Passagierkabine künstlich erhöht. 31 Kilometer über der Erdoberfläche beträgt der Luftdruck nur noch ein Hundertstel von dem auf Höhe des Meeresspiegels. Und in 100 Kilometern Höhe bist du schon im Weltraum, wo der Luftdruck auf Null fällt.

Hast du das gewusst?

Einfach, aber genial!

Lass los!

Der Luftdruck in Aktion.

Vergewissere dich, dass der Karton hält – klopf an das Glas.

Der Karton ist wie festgeklebt!

Der wissenschaftliche Kram

Bei diesem Trick kannst du den Luftdruck in Aktion beobachten. Da Luft ein Gas ist, drückt sie nicht nur nach unten, sondern auch nach oben und seitwärts. Der Karton bleibt, wo er ist, weil der Druck der Luftmoleküle, die nach oben drücken, größer ist als der Druck des Wassers nach unten.

Balanceakt

Vorsicht bitte!

Gefahr fasziniert jedes Publikum – die Angst, dass sich jemand verletzen könnte. Wenn wir einem Seiltänzer zuschauen, wünschen wir uns nicht, dass er fällt, aber der Gedanke, dass es passieren könnte, lässt uns gebannt zusehen. Mit diesem Trick kannst du diese Art Spannung aufbauen – nur mit zwei Gabeln und einem Zahnstocher.

Los gehts

1. Verbinde die Gabeln miteinander, indem du die Zinken ineinanderschiebst.

2. Die Gabeln bilden jetzt eine Art Dreieck. Balanciere die beiden Gabeln auf deinem Finger aus. Wenn du den richtigen Punkt gefunden hast, schiebe den Zahnstocher ein Stück weit in den obersten Zwischenraum zwischen den Zinken.

3. Jetzt platzierst du den Zahnstocher auf dem Rand des Glases (du musst ihn vermutlich ein wenig hin und her schieben, bis du den perfekten Punkt gefunden hast), lass los – und dein Publikum fällt in Ohnmacht!

... et voilà!

Das brauchst du:
- zwei Gabeln
- einen Zahnstocher
- ein Glas

Hast du das gewusst?
Der englische Mathematiker Sir Isaac Newton prägte 1687 den Begriff „gravity" (Schwerkraft), abgeleitet vom lateinischen „gravitas", was „Schwere" bedeutet.

Balanciere den Zahnstocher auf dem Rand des Glases aus!

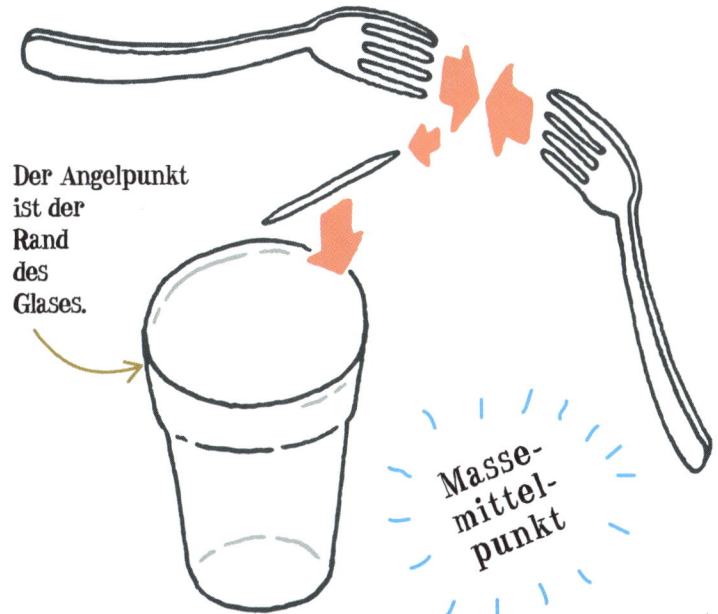

Der Angelpunkt ist der Rand des Glases.

Massemittelpunkt

Der wissenschaftliche Kram

Dieser Trick beruht auf dem Prinzip des Massemittelpunkts und der Stabilität. Wenn du die Gabeln balancierst, ist der Massemittelpunkt direkt unterhalb des Punkts, auf dem der Zahnstocher auf dem Glasrand liegt (der Angelpunkt).

Heißes Eis

Vorsicht bitte!

Dieses Eis ist bestimmt nicht geeignet, damit eine schöne Cola zu kühlen – es ist nämlich heiß, und natürlich ist es eigentlich auch kein Eis. Aber der Effekt ist ziemlich cool!

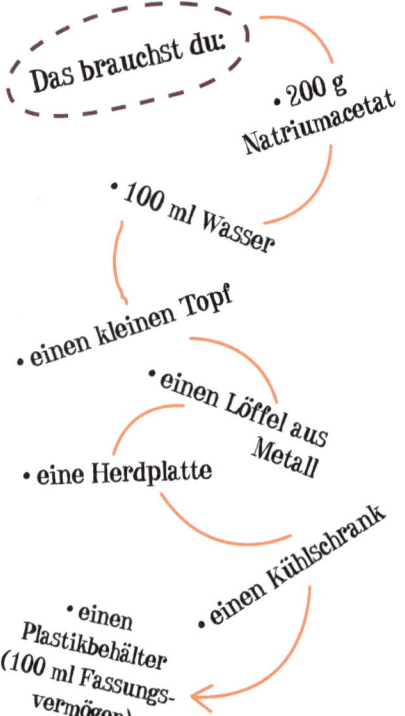

Das brauchst du:
- 200 g Natriumacetat
- 100 ml Wasser
- einen kleinen Topf
- einen Löffel aus Metall
- eine Herdplatte
- einen Kühlschrank
- einen Plastikbehälter (100 ml Fassungsvermögen)

Los gehts

1. Gib das Wasser in den Topf und erwärme es bis kurz vor den Siedepunkt. Fang an, das Natriumacetat dazuzugeben – lass das Wasser aber nicht sieden, und rühr es ständig mit einem Metalllöffel um. Füge Natriumacetat hinzu, bis es sich nicht mehr auflöst – das merkst du daran, dass das Zeug irgendwann einfach auf den Topfboden sinkt.

2. Schütte die Lösung ohne die nicht aufgelösten Kristalle in den Plastikbehälter und stell ihn für eine Stunde in den Kühlschrank.

Warte geduldig vor dem Kühlschrank. Oder mach deine Hausaufgaben. Oder mach dir ein Brot. Schlag die Stunde irgendwie tot.

Heißes Eis!

Kristallisierung im Gange!

3. Nach einer Stunde kannst du den Behälter aus dem Kühlschrank nehmen. Stell ihn auf eine ebene Fläche, hol deine Freunde dazu und blase dann fest auf deinen Finger. In atemloser Stille berührst du damit die Lösung.

4. Bei der Berührung wird die Lösung sofort kristallisieren – es sieht aus, als würde sie zu Eis, aber wenn du den Behälter anfasst, fühlt er sich warm an. Heißes Eis – eine Geschäftsidee für den Winter? Na ja, warmes Eis – aber trotzdem, irre ist das schon! Wenn alle fertig gestaunt haben, wirf das heiße Eis ins Waschbecken und lass Wasser darüberlaufen, um es wegzuspülen.

Der wissenschaftliche Kram

Natriumacetat (CH_3COONa) ist das Natriumsalz der Essigsäure (gewöhnlicher Haushaltsessig ist verdünnte Essigsäure). Wenn du Natriumacetat in beinahe kochendem Wasser auflöst, entsteht eine gesättigte Lösung. Wenn sie abkühlt, kristallisiert sie nicht. Wenn du sie aber berührst, setzt du eine sogenannte Keimbildung in Gang; eine der Eigenschaften von Salzen in einer gesättigten Lösung ist es, dass sie an der Stelle einer Störung oder eines Fremdkörpers zu kristallisieren beginnen. Bei der Bildung der festen Salzkristalle wird sogenannte Kristallisationswärme frei. Das Ergebnis ist das heiße Eis.

Hast du das gewusst?

Das Grundprinzip hinter diesem Experiment wird in der „richtigen Welt" für viele Zwecke eingesetzt, zum Beispiel bei Handwärmern – auch hier werden gesättigte Lösungen benutzt, um Wärme zu produzieren. Natriumacetat wird übrigens auch zum Würzen von Salz- und Essigchips benutzt.

Das Ei in der Flasche

Ein Buddelschiff zu bauen braucht viel Geschick, Zeit und Genauigkeit. Ein Ei in eine Flasche zu kriegen, ist ein wenig leichter, obwohl der Mangel an guten, alten Milchflaschen aus Glas es ein wenig erschwert. Wenn du mal eine solche Flasche gefunden hast, ist es ein Kinderspiel.

Gefahr – nur mit Erwachsenen!

In der Flasche entsteht Unterdruck.

Das brauchst du:
- eine Glasflasche mit breiter Öffnung, z. B. eine Milchflasche
- ein hart gekochtes Ei
- ein Stück Papier
- eine Schachtel Streichhölzer

Der wissenschaftliche Kram
Luftdruck ist überall. Anfänglich ist der Druck in der Milchflasche genauso stark wie draußen. Wenn aber das Papier verbrennt, erhöht die Hitze den Luftdruck in der Flasche und ein wenig Luft entwischt an dem Ei vorbei. Wenn das Papier verbrannt ist, kühlt sich die Flasche wieder ab. Normalerweise würde jetzt wieder Luft in die Flasche strömen, um die Druckunterschiede auszugleichen, aber das Ei ist ja im Weg. Der sogenannte „Unterdruck" in der Flasche steigt und ist irgendwann so groß, dass das Ei in die Flasche gesaugt wird.

1.

Los gehts
Pelle das Ei.

2. Zünde das Papier mit einem Streichholz an und lass es brennend in die Flasche fallen. Setz das Ei oben auf die Öffnung.

Abwarten!

Tja, und wie kriegst du's jetzt wieder raus?

3. Wenn das Papier verbrannt ist, warte ein bisschen – du wirst sehen, irgendwann wird das Ei in die Flasche gesaugt.

Das Papier verbrennt.

Hast du das gewusst?

Die Erdatmosphäre drückt mit einer Kraft von 10 Newton pro Quadratzentimeter auf deinen Körper. Die Kraft, die auf 1000 Quadratzentimeter wirkt, beträgt 10 000 Newton, das entspricht der Kraft von einer Tonne. Aber das Innere deines Körpers hebt den Druck von außen auf, sodass du nicht zerquetscht wirst.

Der schwebende Ping-Pong-Ball

Wer würde nicht gerne fliegen können? Es geht aber nun mal nicht. Mancher würde es  vielleicht auch gut finden, über einem Fön in der Luft zu schweben. Geht auch nicht, aber mit einem Ping-Pong-Ball funktioniert es!

Der wissenschaftliche Kram

Hier passieren gleich zwei interessante Sachen. Da ist einmal die Schwerkraft: Die Luft, die aus dem Fön strömt, drückt den Ball aufwärts, während die Schwerkraft ihr möglichstes tut, ihn nach unten zu ziehen. Der Ball pendelt sich an einem Punkt ein, an dem die beiden Kräfte sich ausgleichen, und bleibt dort in der Schwebe! Zum anderen ist da der Luftdruck: Luft, die sich schnell bewegt, erzeugt einen geringen Luftdruck. Im Inneren des Luftstroms ist die Geschwindigkeit der Luft am größten, es wird also der größte Unterdruck erzeugt. Bewegt sich der Ball zur Seite, wird er immer wieder zur Mitte gezogen.

Für alle

Der Luftdruck macht es möglich, dass Flugzeuge fliegen. Ihre Flügel sind oben gewölbt. Die Luft, die über den Flügel strömt, strömt schneller als die, die den Weg untenherum nimmt. Das bedeutet, dass der Luftdruck über dem Flügel niedriger ist als darunter, was bedeutet, dass das ganze Ding angehoben wird!

Hast du das gewusst?

Das brauchst du:
- einen Ping-Pong-Ball
- einen Fön

Los gehts

1. Vergewissere dich, dass niemand sich zum Ausgehen aufbrezeln will – sonst gibts am Ende noch Ärger. Wenn die Luft rein ist, steck den Fön ein und stelle ihn auf niedrige Hitze ein.

2. Richte die Öffnung des Föns senkrecht nach oben und lege den Ping-Pong-Ball darauf.

3. Schalte den Fön an – heureka, der Ball schwebt in der Luft.

4. Kippe den Fön zur Seite und beobachte, bei welchem Winkel der Ball zu Boden fällt. Du wirst staunen, wie weit du den Fön kippen kannst!

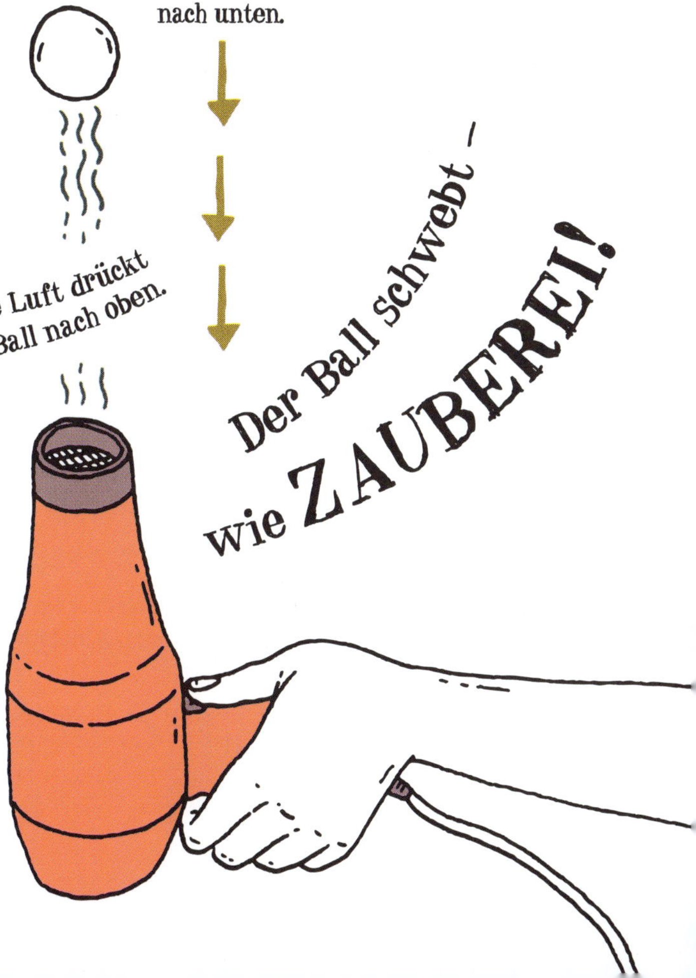

Die Schwerkraft zieht den Ball nach unten.

Die heiße Luft drückt den Ball nach oben.

Der Ball schwebt – wie ZAUBEREI!

Neun Punkte, eine Linie

> Für alle

Das hier ist eine klassische Kopfnuss, und deine Freunde werden sich garantiert tierisch ärgern, wenn du ihnen aus dem Handgelenk zeigst, wie einfach das ist.

Für Querdenker!

Das brauchst du:
- ein Stück Papier
- einen Stift
- einen Block

Der wissenschaftliche Kram

Irgendein Gen oder Instinkt in uns sorgt dafür, dass wir immer alles einfach und ordentlich haben wollen. Darum werden die wenigsten Leute, die das Rätsel zu lösen versuchen, sich außerhalb der Punkte bewegen. Das zeigt mal wieder, dass ein guter Wissenschaftler querdenken muss.

Lass das deine Freunde probieren – die flippen aus!

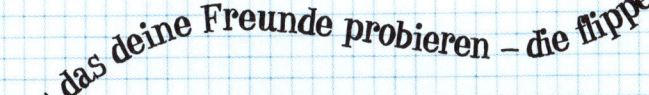

Kopf-nuss

Hast du das gewusst?
Wenn die Punkte groß genug sind, kann man das Rätsel mit drei Linien lösen. Erkennst du, wie?

Die Antwort findest du auf Seite 111.

Los gehts

1. Male neun Punkte auf ein Papier, so wie hier gezeigt. Dann bitte deine Freunde, vier Linien zu zeichnen, die über alle Punkte laufen, ohne den Stift vom Papier zu nehmen und ohne einen Punkt zweimal zu berühren.

2. Lass sie eine Weile rätseln und lies solange was. Wenn die ersten gefrusteten Schreie kommen, geh zu ihnen und zeig ihnen, wie es geht.

Atemtest

Die Natur liefert die Rohstoffe für jede Art von wissenschaftlichen Aktivitäten. Sie bietet alles, man muss nur wissen, wo man suchen muss. Rotkohl ist nicht nur lecker, sondern kann auch im Labor benutzt werden, um den pH-Wert von Stoffen zu bestimmen.

Vorsicht bitte!

Das brauchst du:
- Rotkohl
- Wasser
- einen Glaskrug
- einen Strohhalm
- einen Kochtopf
- eine Herdplatte

Los gehts

1. Koche ein paar Blätter Rotkohl in einem Topf mit Wasser. Das Wasser wird sich schnell rosa färben.
2. Seihe den Rotkohl ab und gieße das rosa Wasser in einen Glaskrug.
3. Blase mit dem Strohhalm in den Rotkohlsaft. Die Farbe wird sich ändern – nur dein Atem lässt es röter und röter werden.
4. Versuche auch andere Flüssigkeiten und Pulver aus Küche und Bad mit deiner Indikatorlösung zu untersuchen – du wirst staunen!

Der wissenschaftliche Kram

Rotkohl enthält Flavin, einen wasserlöslichen Farbstoff, der als Säure-Lauge-Indikator funktioniert. Je nach Farbveränderung kannst du den pH-Wert eines Stoffes bestimmen, den du damit gemischt hast. Saure Lösungen werden rot, neutrale lila, Laugen grünlich-gelb. Da das Kohlenstoffdioxid in deinem Atem sauer ist, wird das Rotkohlwasser rot, wenn du hineinbläst.

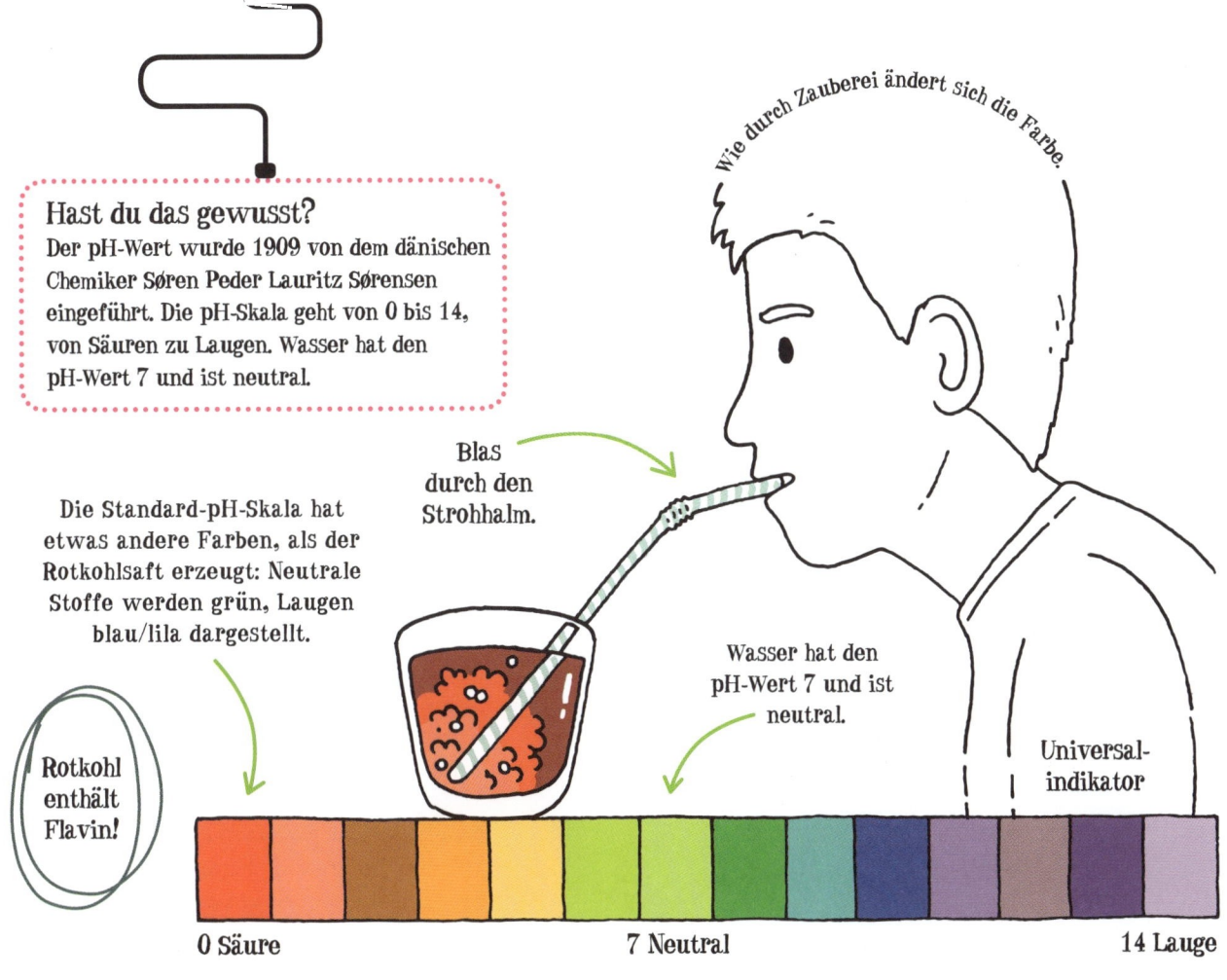

Zauberstrohhalm

Für alle

Strohhalme sind coole Teile. Man kann trinken, ohne die Flasche anheben zu müssen, und dieser amüsante Trick lässt einen Strohhalm lebendig werden: Es sieht aus, als könntest du ihn dazu bringen, sich zu drehen, ohne ihn anzufassen.

Los gehts

1. Lege den Strohhalm auf den Deckel der Flasche und fordere jemand aus deinem Publikum auf, ihn zu bewegen, ohne ihn anzufassen oder dagegen zu blasen. Geht natürlich nicht.

2. Nimm den Strohhalm, wickle ein Stück Stoff darum (dein T-Shirt reicht völlig aus) und zieh dann den Strohhalm mit einer zackigen Bewegung hindurch. Dann legst du ihn zurück auf die Flasche.

3. Jetzt bring deine Hände nah an den Strohhalm, und, wie durch Zauberei, wird er von ihnen angezogen.

Das brauchst du:
- einen Plastikstrohhalm
- eine Flasche

Hast du das gewusst?
Wenn du jemandem mit langen Haaren mit einem Luftballon über den Kopf reibst, werden die Haare positiv aufgeladen. Sind die Haare leicht genug (blonde Haare eignen sich am besten, da sie am feinsten sind), stoßen sich die einzelnen Haare gegenseitig ab und stehen hoch, bis die Ladung sich wieder ausgeglichen hat.

Der wissenschaftliche Kram

Statische Elektrizität heißt das Geheimnis hinter dem sich bewegenden Strohhalm. Zwei Stadien der statischen Elektrizität sind hier im Spiel. Die erste, wenn du den Strohhalm durch dein T-Shirt ziehst: Die Elektronen im Strohhalm bewegen sich zu deinem T-Shirt, daraus entsteht ein Ungleichgewicht in der elektrischen Ladung an der Oberfläche des Strohhalms. Das zweite Stadium tritt ein, wenn du deine Hände dem Strohhalm näherst: Die unterschiedliche Ladung in deinen Händen und dem Strohhalm sorgt dafür, dass der Strohhalm sich bewegt.

Mit Superkräften bewegst du den Strohhalm – ohne ihn anzufassen!

Ein echter Jedi-Trick!

Die Kraft der statischen Elektrizität!

Es werde Feuer

Gefahr – nur mit Erwachsenen!

Du hast dich im Dschungel verirrt, du bist müde, und du willst dir gerne ein schönes Feuerchen machen, bevor die Sonne untergeht. Aber verdammt, deine Streichhölzer sind im letzten Fluss, den du durchwatet hast, nass geworden. Gott sei Dank hast du eine Getränkedose, um deinen Durst zu stillen. Aber danach solltest du dir wirklich die Zähne putzen, um den Zucker loszuwerden. Moment mal – jetzt hast du alles, was du für ein Feuer brauchst!

Los gehts

1. Quetsche etwas Zahnpasta auf das Stück Stoff oder Papier und reibe damit den Boden der Dose ein. Reibe so lange, bis der Boden richtig glänzt und du dich in der Fläche spiegeln kannst. Dann sammelst du ein wenig Anzündholz.

2. Halte den Boden der Dose in die Sonne, sodass ein schmaler, konzentrierter Lichtstrahl entsteht, und richte diesen auf das Anzündholz.

3. Halte still. Nach ein paar Minuten (hängt von der Tageszeit und der Kraft der Sonne ab) wirst du kleine Rauchfäden sehen, und gleich darauf wird sich das Holz entzünden.

Das brauchst du:
- eine Getränkedose
- Zahnpasta, die die Zähne weißer macht (schmirgelt schön) – keine Gelzahnpasta!
- ein Stück Papier oder Stoff
- Anzündholz
- Sonnenlicht

Hast du das gewusst?
Feuermachen kannst du auch mit einer Lupe, das funktioniert genauso wie die Getränkedose. Die Aborigines in Australien dagegen machen noch heute Feuer, indem sie Hölzer aneinanderreiben. Eine andere Möglichkeit ist, mit Feuersteinen Funken zu schlagen.

Du musst die Photonen konzentrieren.

Die Photonen im Licht enthalten Energie, die in Wärme umgewandelt wird.

Der wissenschaftliche Kram

Bei diesem Trick funktioniert der Boden der Dose genauso wie eine Lupe, mit der man auch Feuer machen kann. Sichtbares Licht wird von der Sonne durch Photonen zu uns transportiert, die Energie in Form von Hitze entfalten. Der Dosenboden konzentriert die Photonen auf einer sehr kleinen Fläche, dadurch wird dieser Punkt unglaublich heiß – so heiß, dass alles anfängt zu brennen, was die Photonen berühren, in diesem Fall das Anzündholz.

Mit dem Boden der Dose zündest du das Holz an.

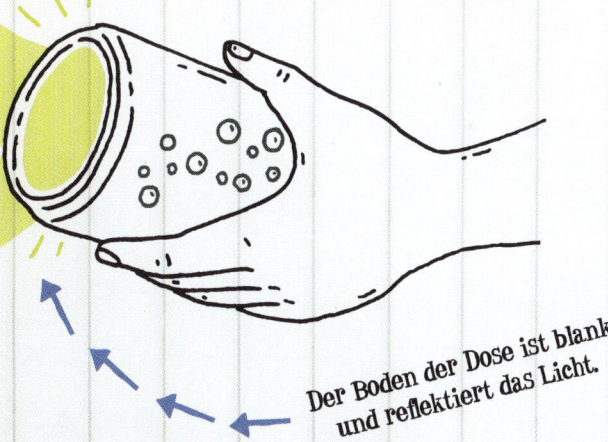

Der Boden der Dose ist blank und reflektiert das Licht.

Der versteckte Regenbogen

Schwarz ist die coolste Farbe überhaupt, aber eigentlich ist es gar keine Farbe: Schwarz absorbiert alle Farben im Lichtspektrum. Dieser spaßige Trick zeigt das wunderbar.

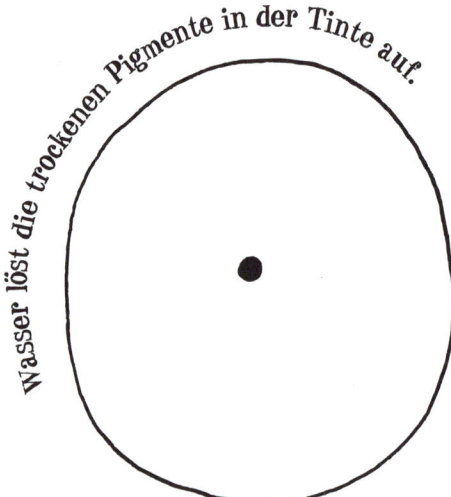

Wasser löst die trockenen Pigmente in der Tinte auf.

Beobachte den schwarzen Punkt.

1.
Los gehts
Leg das Kaffeefilterpapier auf den Teller (wenn das Papier zu groß ist, schneide es in Form).

2.
Male mit dem Filzstift einen großen schwarzen Punkt in die Mitte des Papiers.

Der wissenschaftliche Kram
Diese Technik heißt Papierchromatografie. Das Wasser löst die trockenen Pigmente in der Tinte, und während sie von dem Punkt aus nach außen wandern, löst sich die Tinte in Farbbändern auf. Weil die Moleküle jeder Farbe im Farbspektrum unterschiedliche Eigenschaften haben, bewegen sie sich mit unterschiedlichen Geschwindigkeiten und deshalb unterschiedlich weit.

R.O.G.G.B.V.

Das brauchst du:
- Kaffeefilterpapier
- einen wasserlöslichen schwarzen Filzstift
- ein paar Tropfen Wasser
- einen Teller
- eine Schere

Chromatografie kommt vom griechischen „chroma" („Farbe") und von „graphein" („schreiben"). Sie wurde 1900 von dem russischen Wissenschaftler Michail Zwet erfunden. Anfänglich wurde die Chromatografie zur Aufspaltung von Pflanzenpigmenten verwendet, aber inzwischen wurden weitere Varianten entwickelt und Chromatografie kann jetzt auch mit Gasen und Flüssigkeiten durchgeführt werden.

Hast du das gewusst?

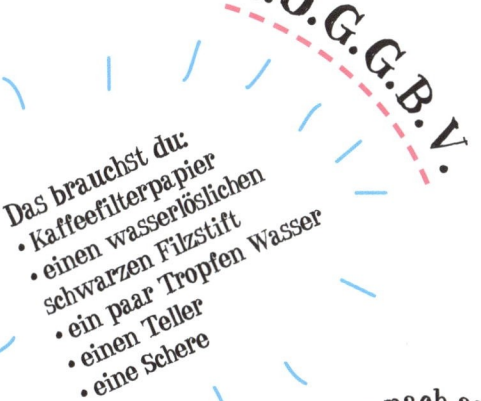

Beobachte das Farbspiel, das von der Mitte nach außen geht.

Das Lichtspektrum:
Rot, Orange, Gelb, Grün, Blau, Violett

3.

Tröpfele etwas Wasser auf den Punkt und du wirst sehen, wie sich vielfarbige Ringe von dem Punkt weg ausbreitet.

Cola-Walzer

Für alle

Es gibt Leute, die finden, dass man diese zucker- und kohlensäurehaltige Limo nur aus einer Glasflasche trinken darf, aber für diesen speziellen Trick brauchen wir eine Dose – Flasche geht nicht. Bei 1,4 Milliarden verkauften Dosen pro Tag sollte man meinen, dass jeder diesen Trick hier kennt; komischerweise ist das aber nicht so. Wenn du also deine nächste Dose leer getrunken hast, probier dieses Physikkunststück mal an deinen Freunden aus.

Los gehts

1. Nimm deine Getränkedose und mach sie auf. Schütte den Inhalt auf ex in dich hinein – pass aber auf, dass du das Zeug nicht in die Nase kriegst. Natürlich könntest du auch langsam trinken, aber wo ist denn da der Witz?

2. Wenn die Dose leer ist, gieße vorsichtig 100 ml Wasser hinein und stelle sie dann geneigt mit einer Seite ihres Randes auf eine waagrechten Oberfläche (pass auf, dass die Öffnung von der Richtung, in die du die Dose kippst, wegzeigt, damit es keine Sauerei gibt, falls die Dose umfällt). Kaum zu glauben, aber die Dose balanciert tatsächlich von selbst in einem 45°-Winkel. Zauberei! Wedele rund um die Dose mit den Händen in der Luft herum, um zu beweisen, dass da keine unsichtbaren Schnüre sind.

3. Aber das ist noch gar nicht alles! Gib der Dose einen vorsichtigen Stups, und sie wird sich drehen, drehen, drehen wie beim Walzertanz.

Der wissenschaftliche Kram

Versuch und Irrtum führten zu der Entdeckung, dass 100 ml die perfekte Menge Wasser sind, damit die Dose alleine im 45°-Winkel auf dem Tisch balanciert. Ein bisschen zu viel und sie fällt um, ein bisschen zu wenig und sie kippt so, dass sie wieder auf ihrem Boden steht. Eine ganz simple physikalische Geschichte – aber klasse, oder?

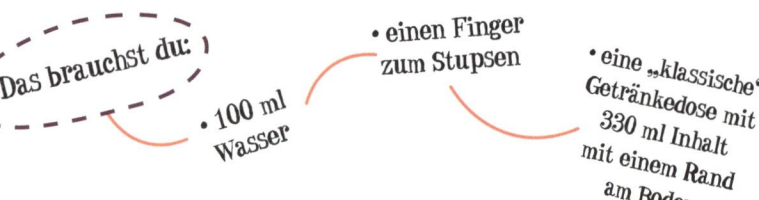

Das brauchst du:
- 100 ml Wasser
- einen Finger zum Stupsen
- eine „klassische" Getränkedose mit 330 ml Inhalt mit einem Rand am Boden

Stups die Dose an – und sie tanzt!

Geniale Physik!

100 ml Wasser in der Dose

45° — Kippe die Dose in einem 45°-Winkel.

Hast du das gewusst?
Coca-Cola ist die bekannteste Marke der Welt. Um sie ranken sich jede Menge Legenden, zum Beispiel, dass das Getränk ursprünglich grün gewesen sei (die Flasche war am Anfang grün, die Limo war immer braun); dass Zähne sich auflösen, wenn man sie über Nacht in ein Glas Cola legt (tun sie nicht); und dass Polizisten nach einem Verkehrsunfall die Straßen mit ihr säubern (kein aktenkundiger Fall ist bekannt).

Die verschwundene Münze

Für alle

Hier geht es nicht darum, zu erklären, wo dein Geld hin verschwindet, wenn die Börse zusammenbricht und die Banker noch größere Autos kaufen. Solche Sachen liegen jenseits der Wissenschaft. Dieser Trick hier zeigt aber ein simples wissenschaftliches Prinzip und ist zaubereiverdächtig.

Los gehts

1. Bitte einen Freund, einen Bekannten oder irgendjemand auf der Straße um eine Münze.

2. Leg die Münze unter ein Glas und frag deinen Helfer, ob er sie noch sehen kann (wenn derjenige jetzt Nein sagt, hast du ein Problem. Hoffentlich wird er Ja sagen). Fülle das Glas mit Wasser und setze die Untertasse darauf. Je kleiner der Deckel, desto mehr Wasser.

3. Frag noch einmal, ob der andere die Münze jetzt sehen kann. Wird er nicht – sie ist verschwunden!

Das brauchst du:
- eine Münze
- ein Glas
- eine Untertasse
- Wasser

Hast du das gewusst?

Das menschliche Auge ist faszinierend. Deine Netzhaut enthält 120 Millionen Stäbchen für das „Nachtsehen" und 8 Millionen Zapfen, die farbempfindlich sind und am besten am Tag funktionieren. Unter Idealbedingungen kann das menschliche Auge das Licht einer Kerze aus 22,5 Kilometern Entfernung sehen.

Führ deine Freunde mit der Lichtbrechung an der Nase herum!

Leg die Münze unter das Glas.

Du wirst deinen Augen nicht trauen!

Der wissenschaftliche Kram

Unser Auge sieht streng genommen keine Dinge: Die Lichtrezeptoren in unseren Augen lassen uns das Licht sehen, das von der Oberfläche von Objekten abstrahlt, wodurch wir erkennen, was wir da sehen.

Wenn die Münze unter dem leeren Glas liegt, erreicht uns das Licht ganz einfach und die Münze ist sichtbar. Ist aber Wasser im Glas und eine Untertasse obendrauf, wird das Licht gebrochen und seine Richtung geändert, es bewegt sich nicht mehr in einer geraden Linie zu unseren Augen. Darum sieht es so aus, als sei die Münze verschwunden. Wenn du die Untertasse wegnimmst, wirst du die Münze durch das Wasser sehen.

Der superstarke Strohhalm

Unter Freunden wird oft gestritten, wer in der Kneipe die nächste Runde oder im Restaurant das Essen zahlen muss. Dieser Trick sorgt dafür, dass es garantiert nicht du bist – wette mit deinen Freunden, dass du eine Flasche nur mit einem Strohhalm hochheben kannst!

Hast du das gewusst?

Die ersten Trinkhalme waren aus Papier. 1888 ließ sich der amerikanische Erfinder Marvin Stone ein Spiralwindeverfahren patentieren, mit dem man Strohhalme herstellen konnte. Sein Prototyp bestand aus Papierstreifen, die um einen Bleistift gewunden und dann zusammengeklebt wurden. Marvin Stone arbeitete dann mit beschichtetem Papier, damit die Halme nicht nass wurden, während man sie benutzte. Fast 50 Jahre später erfand ein weiterer Amerikaner, Joseph B. Friedman, den biegbaren Trinkhalm.

Die Kraft der Mechanik.

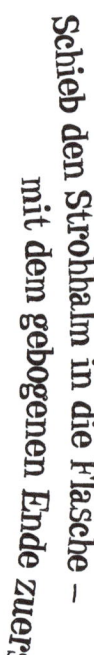

Vorsicht bitte!

Der Strohhalm als Hebel.

Drehpunkt

Schieb den Strohhalm in die Flasche – mit dem gebogenen Ende zuerst.

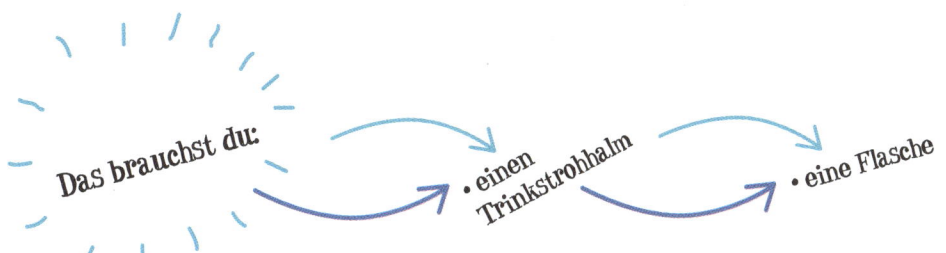

Das brauchst du:
- einen Trinkstrohhalm
- eine Flasche

Los gehts

1. Wenn du dir das nächste Getränk bestellst, bitte um eines in einer Glasflasche und einen Strohhalm dazu. Dann wette mit deinen Freunden, dass du die Flasche mit dem Strohhalm hochheben kannst.

2. Biege den Strohhalm ungefähr 5 cm von einem Ende entfernt, halte ihn am anderen Ende und schiebe ihn mit dem gebogenen Ende voraus in die Flasche.

3. Schiebe den Strohhalm langsam in den Flaschenhals, bis das kurze Ende sich entfaltet und in der Flasche hängen bleibt. Das kurze Ende sollte sich jetzt im Flaschenhals verkeilt haben.

4. Hebe die Flasche hoch, setz dein gewinnendstes Lächeln auf und sage „Wer zahlt die nächste Runde?".

Der wissenschaftliche Kram

Dieser Trick verdeutlicht die Grundlagen der Mechanik. Der gebogene Strohhalm in der Flasche wirkt als Anker, mit dem du dann die Flasche hochhebst. Der Knick im Strohhalm ist der Ankerpunkt, der Kraft und Bewegung überträgt. Das kurze Ende des Strohhalms zwischen dem Ankerpunkt und dem Inneren der Flasche ist der Lastarm, das lange Ende des Strohhalms, zwischen Drehpunkt und der hebenden Kraft (mit anderen Worten, dir), ist der Kraftarm.

Bunte Milch

Für alle

Regenbogen sind wunderschön, aber leider gibt es sie nicht oft genug. Mit diesem chemischen Trick kannst du dir in einer Schüssel in der Küche einen basteln, mit Materialien, die sowieso zu Hause rumstehen.

Das brauchst du:

- Lebensmittelfarbe – je mehr Farben, desto besser
- vollfette Milch
- Spülmittel
- eine flache Schüssel (eine große, flache Schüssel mit einem breiten Boden ist am besten)

Um 1 Liter Milch zu melken, muss man über 70 mal die Euterzitzen einer Kuh drücken. **Schon gewusst?**

Los gehts

1. Gieße etwas Milch in die Schüssel, sodass der Boden bedeckt ist und die Milch ungefähr 1 cm hoch darin steht.

2. Tropfe ungefähr je vier Tropfen jeder Lebensmittelfarbe in regelmäßigen Abständen an den Rand der Schüssel.

3. Jetzt kommen – vorsichtig – ein paar Tropfen Spülmittel in die Mitte der Schüssel. Kaum zu glauben, aber die Farben flitzen über die Oberfläche der Milch und vermischen sich in fantastischen, bunten Wirbeln.

Der wissenschaftliche Kram

Spülmittel binden Fett in Wasser, darum kann man damit so gut Geschirr sauber machen. In diesem Fall versucht das Spülmittel, das Wasser und das Fett in der Milch zu verbinden; dabei erzeugt es Wirbel und Strudel in der Milch, wodurch sich die verschiedenen Farben vermischen.

Vorsicht bitte!

Papierschnitt

Das ist jedem schon mal passiert: In der Schule oder am Schreibtisch nimmst du ein Stück Papier und der Rand gleitet über deinen Finger – auuutsch! Papierschnitte sind verdammt schmerzhaft, das wird wohl keiner bestreiten. Aber hast du gewusst, dass du einen Bleistift mit Papier in zwei Teile schneiden kannst? Lies weiter …

Der wissenschaftliche Kram

Hier geht es um Ablenkung und die Arbeitsweise unseres Gehirns. Unser Gehirn verarbeitet nicht alles, was so um uns herum passiert, und in diesem Trick wird dein „Opfer" den Bleistift und seine Finger beobachten. Da alles sehr schnell passiert, wird dein Versuchsassistent nicht sehen, dass dein Finger dir dabei hilft, den Stift zu zerbrechen – solange das Timing stimmt, natürlich.

Hast du das gewusst?

Mit derselben Geschwindigkeit wie eine Breitband-Internetverbindung liefern unsere Augen Informationen an unser Gehirn. Und unsere Neuronen könnten noch viel schneller arbeiten. Dass sie es nicht tun, liegt daran, dass unser Gehirn zwar nur 2 Prozent unseres Körpergewichts ausmacht, aber ungefähr 20 Prozent aller Energie braucht, um zu funktionieren. Die Ganglienzellen in unserer Netzhaut teilen sich auf in schnelle (die die wichtigsten Informationen liefern) und langsame (die weniger wichtige Informationen transportieren). Damit Energie gespart wird, machen die langsamen Zellen den Großteil der Arbeit.

Los gehts

1. Bitte einen Freund, dir einen Geldschein zu leihen und frag dann „Wenn ich mit dem Schein einen Bleistift in zwei Teile schneiden kann, darf ich ihn dann behalten?" Wenn der andere Ja sagt, leg los – gib ihm keine Chance, es sich anders zu überlegen.

2. Falte den Schein vorsichtig der Länge nach. Reiche deinem Freund den Bleistift zum Halten. Er muss ihn an beiden Enden festhalten.

3. Halte den Schein zwischen Daumen und Zeigefinger an einem Ende. Heb deine Hand über deinen Kopf und ziehe sie dann in einer peitschenartigen Bewegung nach unten auf den Bleistift zu. Wenn du den Bleistift erreicht hast, streck den Zeigefinger aus und benutze ihn, um den Stift zerbrechen zu helfen.

4. Wenn der Schein und dein Finger den Stift zerbrochen haben, knick den Finger wieder ein. Dein Freund wird mit einem Bleistiftende in jeder Hand verdattert dastehen, während du mit einem breiten Grinsen den Schein einstecken kannst.

Das brauchst du:
- einen Geldschein
- einen Bleistift

Zerbrich den Stift mit deinem Zeigefinger.

Geld verbrennen

Vorsicht – nur mit Erwachsenen!

Das Geld wächst nicht auf den Bäumen, und Liebe kann man damit auch nicht kaufen – vielleicht spricht gar nicht so viel für Geld? Aber versuch mal, dir für diesen Trick von einem Freund Papiergeld zu leihen und schau mal, wie derjenige reagiert.

In den USA ist es illegal, Geldscheine zu zerstören. In Amerika solltest du also mit diesem Trick vorsichtig sein, sonst blüht dir eine Geldstrafe und/oder bis zu sechs Monate Gefängnisstrafe.

Hast du das gewusst?

Der wissenschaftliche Kram

Eigentlich ist dieser Trick sehr simpel zu erklären. Der Alkohol im Franzbranntwein verbrennt, nicht das Papier. Aber, und das ist der wichtige Punkt für das Schicksal des Geldes, die Hitze der Flamme ist nicht groß genug, um das ganze Wasser zu verdampfen. Das Wasser schützt das Geld vor den Flammen, und wenn der komplette Alkohol verbrannt ist, ist immer noch Wasser übrig, das das Papier kühlt, weshalb es nicht brennt.

Das brauchst du:

etwas Papiergeld – leih es dir von jemand anderem, für den Fall, dass der Trick schiefgeht

Franzbranntwein oder Brennspiritus

eine Küchen- oder Grillzange

einen Becher

ein Feuerzeug

Wasser

Los gehts

1. Bitte jemanden, dir einen Geldschein zu leihen. Weiche das Geld in einem Becher mit einem Gemisch aus einem Teil Wasser und einem Teil Reinigungsalkohol ein. Verkünde, dass es jetzt brennbar ist und dass der Besitzer es besser nicht wieder in die Hand nehmen soll.

2. Nimm das Geld mit der Zange aus dem Becher und halte es auf Armeslänge von dir weg (es empfiehlt sich, diesen Trick draußen zu machen, wenn wenig bis kein Wind geht). Zünde das Geld mit dem Feuerzeug an und sieh ihm beim Brennen zu.

3. Beobachte das entsetzte Gesicht deines Freundes bis... die Flamme ausgeht und das Geld heil, wenn auch ein wenig nass, zurückbleibt.

Das Wasser schützt das Geld vor den Flammen.

Das Geld brennt nicht – nur der Alkohol brennt!

Pass auf deine Finger auf.

ZÜNDE DAS GELD AN!

Der fliegende Mann

Ist es ein Vogel? Ist es ein Flugzeug? Nein, nur jemand, der dank dieser einfachen, aber beeindruckenden (zumindest für Kinder) optischen Täuschung das Fliegen gelernt hat.

Hast du das gewusst?

„Trompe-l'œil", vom französischen „Täuschen des Auges" ist eine Kunstform, die dem Beobachter vormacht, dass gemalte Objekte oder Szenen dreidimensional sind. Man nennt das auch illusionistische Malerei und die Technik wird schon sehr lange benutzt, häufig in großen Innenräumen an Wänden und Decken und im Kulissendesign.

Los gehts

1. Stell dich seitwärts an den Spiegel, sodass die Hälfte deines Körpers vom Publikum abgewendet ist, eine Seite des Körpers ist im Spiegel sichtbar.

2. Heb das Bein und den Arm an, die sichtbar sind. Für das Publikum sieht es so aus, als hättest du beide Beine angehoben. Denk dran, nicht tatsächlich beide Beine heben, da fällst du nur hin.

Das brauchst du:
- einen großen Spiegel (mindestens so hoch wie du)
- dich selbst

Überliste dein Gehirn!

Die Spiegelung täuscht deine Augen.

Strecke deine Arme aus und heb dein Bein an!

Der wissenschaftliche Kram

Das Gehirn ist sehr schlau und versucht, einen Sinn in den Bildern zu finden, die es empfängt. Darum sehen wir, wenn wir im Kino einen Film gucken, nicht eine Abfolge von Standbildern, wir sehen tatsächlich Bewegung. Manchmal ist das Gehirn aber schlauer, als ihm guttut. Bei diesem Trick meint es, einen ganzen Menschen zu sehen, anstatt das, was da ist, nämlich ein halber Mensch, der gespiegelt wird.

Der Tischtuchtrick

Das ist ein klassischer Partytrick – du ziehst ein Tischtuch vom Tisch und das Geschirr, das Besteck und die Gläser stehen am selben Platz wie vorher. Wenn es klappt, ist dieser Trick großartig; wenn nicht, ist das Ende vom Lied ein Scherbenhaufen. Mach es vielleicht nicht gerade mit Omas gutem Porzellan ...

Der wissenschaftliche Kram

Hier ist mal wieder unsere gute alte Freundin, die Trägheit, am Werk. Sir Isaac Newton beschrieb Trägheit als die Tendenz eines Objektes in Ruhe zu bleiben, bis eine Kraft auf es wirkt. In diesem Fall bewegen sich die Dinge auf dem Tisch nicht, wenn sie nicht von einer Kraft von außen bewegt werden. Wenn du an dem Tischtuch ziehst, wirkt Reibung auf die Gegenstände, aber da das Tischtuch rutschig ist, ist diese Kraft recht klein, sodass du das Tischtuch unter dem Geschirr herausziehen kannst, ohne dass es herunterfällt.

Vorsicht bitte!

Die Dinge auf dem Tisch bewegen sich nicht – TRÄGHEIT!

Rutschiges Tischtuch – nicht genug Reibung.

Zieh das Tischtuch weg – senkrecht nach unten und schnell!

Das brauchst du:
- ein Tischtuch – achte unbedingt darauf, dass es keinen Saum oder Rand hat.
- einen glatten Tisch, am besten mit einem flachen Rand
- soviel Geschirr, wie du dir zutraust!

Los gehts

1. Du bist mit dem Abendessen fertig und du willst das Tischtuch waschen, ohne den Tisch abzuräumen. Lass alle aufstehen und zurücktreten – nur für den Fall.

2. Halte das Tischtuch mit beiden Händen am Rand fest.

3. Reiße das Tuch weg – der Trick ist, es so schnell wie möglich senkrecht nach unten zu ziehen.

Bemerkung: Es ist eine gute Idee, das erst mal mit einem nur teilweise gedeckten Tisch zu üben, damit du Selbstvertrauen bekommst.

Ta-da!

Hast du das gewusst?
Der britische Jongleur und Komödiant Mat Ricardo hat diesen Trick auf die Spitze getrieben: Er zieht nicht nur das Tuch weg, ohne dass etwas herunterfällt, sondern er schafft es auch, es wieder an seinen Platz zu bringen, ohne irgendetwas zu bewegen. Das ist Zauberei (und Wissenschaft)!

Der Feuersprung

In „Star Trek" kann die Besatzung der USS Enterprise durch den Weltraum springen. Die Wissenschaft hängt der Science-Fiction hier etwas hinterher, aber Feuer kann man springen lassen, und du kannst das auch. Klingt unmöglich, aber …

Gefahr – nur mit Erwachsenen!

Das brauchst du:
- *eine Kerze*
- *zwei Streichhölzer*

Los gehts

1. Zünde das Streichholz an und entzünde damit die Kerze. Lass die Kerze einige Zeit brennen, bis sich genug flüssiges Wachs gebildet hat.

2. Blas die Kerze aus. Bewege ein brennendes Streichholz in die kleine Rauchsäule, die von dem Kerzendocht hochsteigt, ungefähr 3 Zentimeter vom oberen Ende der Kerze entfernt.

3. Die Flamme wird am Rauch „hinunterspringen" und die Kerze neu entzünden.

Das Zündholz mit Reibekopf wurde 1827 von dem englischen Apotheker John Walker erfunden. Das Phosphorstreichholz wurde 1831 in Frankreich von dem Studenten Charles Sauria entwickelt. Heute werden jedes Jahr ungefähr 500 Milliarden Streichhölzer benutzt, etwa 200 Milliarden davon kommen aus Streichholzheftchen.

Hast du das gewusst?

Ein Artistenkunststück!

Die Kerze entzündet sich wieder!

Die Flamme springt.

Kerzen bestehen aus Paraffin.

Der wissenschaftliche Kram

Kerzen bestehen aus Paraffin, und wenn sie verbrennen, brennt eigentlich der Dampf. Wenn du bei diesem Trick die Kerze ausbläst, ist der aufsteigende Rauch Paraffindampf, und wenn du eine Flamme in diesen Dampf hältst, verbrennt sie diesen und wandert dadurch zu dem Docht hinunter, den sie dann entzündet.

Das unzerbrechliche Ei

Vorsicht bitte!

Wer Pfannkuchen backen will, muss Eier zerbrechen, aber was, wenn du das nicht hinkriegst? Wette mit einem Freund, dass er es nicht schafft, ein Ei zu zerbrechen – er wird dich angucken, als hättest du Rührei im Kopf. Während er noch lacht, hol Geld aus der Tasche, leg es auf den Tisch, wiederhole das Wettangebot und zeig ihm diesen Trick.

Ein normales Ei.

Wickle es in Frischhaltefolie.

Das brauchst du:
- ein Ei
- Frischhaltefolie – wenn du dich sehr sicher fühlst, kannst du es auch ohne probieren

Los gehts

1. Wickle das Ei in Frischhaltefolie und gib es deinem Partner. Sag ihm, er soll es in seine Handfläche legen und die Hand schließen, sodass seine Finger das Ei umklammern.

2. Jetzt soll er das Ei mit rundherum gleichmäßigem Druck quetschen. Da kann er drücken, so fest er will, das klappt nicht – Wette gewonnen!

Hast du das gewusst?

Wenn du nicht weißt, ob ein Ei frisch oder hart gekocht ist, leg es auf den Tisch und dreh es. Wenn es „eiert", ist es frisch. Wenn es sich leicht drehen lässt, ist es hart gekocht. Ein frisches Ei sinkt in Wasser nach unten, ein altes schwimmt.

Der wissenschaftliche Kram

Eierschale ist zwar zerbrechlich, aber die Form eines Eis macht es zu einer der stärksten Strukturen überhaupt. Wenn man ein Ei in der Hand drückt, wird auf die Schale ein gleichmäßiger Druck angewendet, im Gegensatz zu einem konzentrierten Druck auf eine Stelle – das Ei bricht nicht. Wenn du Druck auf eine Stelle ausübst, zum Beispiel wenn du das Ei gegen den Rand einer Schüssel schlägst, bricht die Schale ganz leicht.

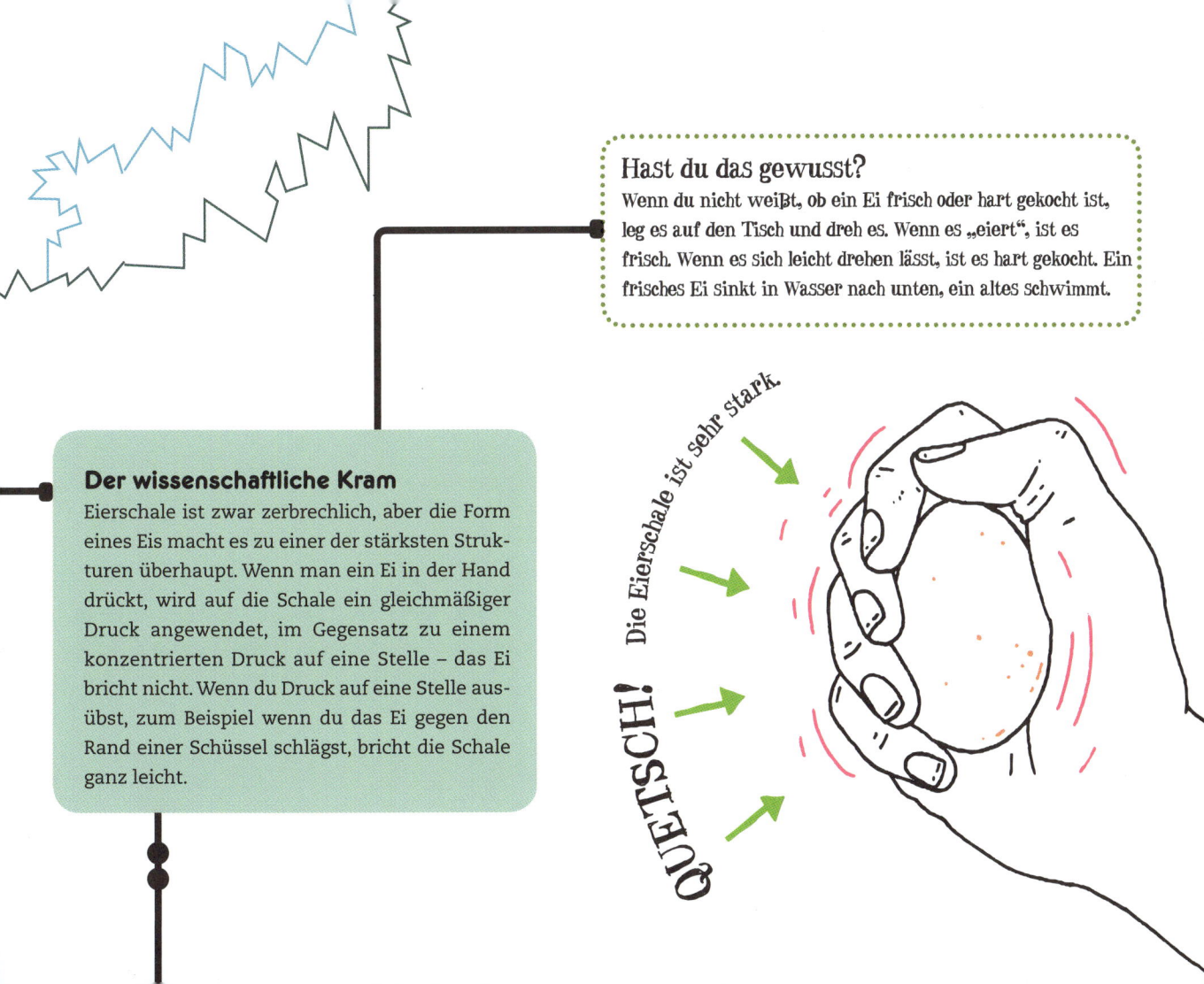

QUETSCH! Die Eierschale ist sehr stark.

Die sichtbare Schallwelle

Vorsicht bitte!

Wäre es nicht super, wenn man die Gedanken anderer hören könnte? Leider gibt es so was aber nur in der Science-Fiction. Dieses lustige Physikkunststückchen erlaubt uns aber, tatsächlich, den Schall zu „sehen".

Der wissenschaftliche Kram

Schallwellen sind Veränderungen des Drucks in den Molekülen, die uns umgeben, zum Beispiel in der Luft. Wenn jemand spricht, vibrieren die Moleküle in der Luft; deswegen vibriert auch unser Trommelfell, und das Gehirn interpretiert dies als Schall. Weil die Moleküle so klein sind, können wir das alles nicht sehen, aber bei diesem Trick bewegen die Schallwellen die Speisestärke, und das ist sichtbar.

Das brauchst du:
- Speisestärke
- Wasser
- Müllbeutel oder Frischhaltefolie
- eine Musikanlage
- gute Musik

Los gehts

1. Nimm die Abdeckung von einem deiner Lautsprecher, leg ihn auf den Rücken und wickle ihn vorsichtig in Frischhaltefolie oder ein, zwei Mülllbeutel. Denk dran, die Versicherung wird hier vermutlich nicht zahlen, wenn was schiefgeht!

2. Misch ein wenig Speisestärke und Wasser zusammen, sodass eine flüssige Paste entsteht (es macht Spaß, hier mit unterschiedlichen Konsistenzen zu experimentieren).

3. Mach ein etwas schwungvolleres Lied an, dreh es ordentlich laut und schütte die Stärkepaste auf den abgedeckten Lautsprecher: Die Schallwellen bringen die Mischung in Schwung und es entstehen tolle Formen.

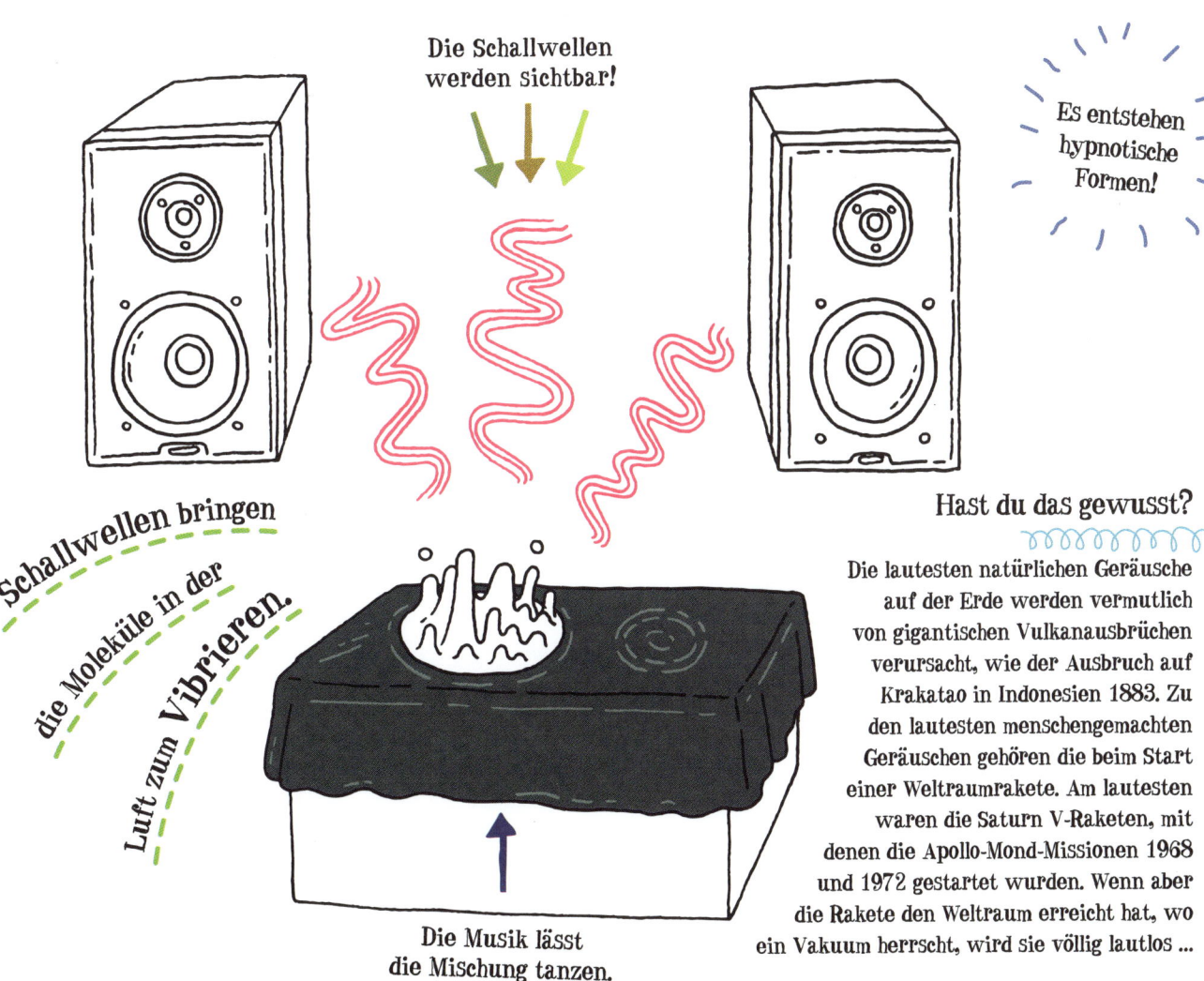

Hexengebräu

Vorsicht bitte!

Das ist definitiv ein Trick zum Eindruckschinden: Nichts ist cooler, als normale Küchenzutaten in eine zischende, sich ausdehnende Masse zu verwandeln.

Los gehts

1. Fülle das Glas zu ungefähr einem Viertel mit Wasser. Gib zwei Teelöffel Backpulver hinzu, und ein paar Tropfen Lebensmittelfarbe (am besten rot, sieht unheimlicher aus).

2. Schau die Mischung an, schau dann verwirrt dein Publikum an und sage „Warum funktioniert das nicht? Ach ja, die letzte Zutat …"

3. Fang mit einem gemeinen Lachen an, den Essig dazuzuschütten – die Mischung fängt an zu blubbern und sich auszudehnen.

4. Wenn du einige Tropfen Spülmittel zusetzt, entsteht farbiger Schaum – ist noch eindrucksvoller!

Das brauchst du:
- ein Glas
- zwei Teelöffel Backpulver
- Branntweinessig
- ein paar Tropfen Lebensmittelfarbe
- Wasser

Hast du das gewusst?

Die ersten Sprudelgetränke wurden hergestellt, indem man Backpulver zu Limonade (Zitronensaft gemischt mit Wasser und Zucker) mischte. Die Säure des Zitronensafts reagierte mit dem Backpulver und so entstand der „Blubber".
Heute werden Sprudelgetränke hergestellt, indem man Kohlenstoffdioxid unter Druck durch das Wasser schickt. Unter Druck löst sich mehr Kohlenstoffdioxid in Wasser als bei normalem atmosphärischen Druck. Wenn die Flasche geöffnet wird, verringert sich der Druck, und das gelöste Kohlenstoffdioxid schießt aus der Flasche. Dabei bilden sich Blasen.

Eine Neutralisierung findet statt.

Zisch!

Blubber!

Ein perfektes Halloween-Gebräu!

Der wissenschaftliche Kram

Warum sind Essig und Backpulver so eine tolle Kombination? Essig ist eine verdünnte Lösung (etwa fünf Prozent) von Essigsäure (CH_3COOH). Backpulver oder Natriumhydrogencarbonat ($NaHCO_3$) ist eine Lauge. Wenn die beiden zusammenkommen, findet eine Neutralisation statt, wodurch Kohlenstoffdioxid freigesetzt wird (CO_2). Das Kohlenstoffdioxid braucht auch noch mehr Platz als das Backpulver und der Essig, daher fängt die Mischung an zu blubbern, zu zischen und sich auszudehnen.

Der Flüssigkeits-stapel

Vorsicht bitte!

Wenn dich jemand auffordert, Flüssigkeiten zu stapeln, drängt sich der Verdacht auf, dass derjenige ein bisschen zu viel bestimmte Flüssigkeiten getrunken hat. Aber Moment. Flüssigkeiten mit unterschiedlicher Dichte vermischen sich nicht, also kann man sie tatsächlich aufstapeln. Dieser Trick nutzt diese Tatsache und das Ergebnis ist faszinierend und wunderschön.

Das brauchst du:
- einen schmalen Glasbehälter oder Krug, je höher desto besser
- je 100 ml:
  - Honig
  - Ahornsirup
  - Balsamicoessig
  - Milch
  - Wasser
  - Flüssigseife
  - Öl
  - Paraffin

Los gehts

1. Gib die Flüssigkeiten in der Reihenfolge der Liste in den Glasbehälter, beginne mit dem Honig. Gib langsam und vorsichtig die nächste hinzu, und so weiter. Es ist besser, den Behälter ein bisschen zu kippen, sodass die Flüssigkeit seine Wand hinunterläuft.

2. Wiederhole den Vorgang, bis du alle Flüssigkeiten in den Behälter gegossen hast.

3. Wenn du fertig bist, wirst du sehen, dass alle Flüssigkeiten schön artig übereinandersitzen, komplett voneinander getrennt.

Hast du das gewusst?

Der B-52 ist ein klassischer Cocktail, der das Prinzip gestapelter Flüssigkeiten wunderschön nutzt. Ganz nach unten kommt Kaffeelikör, darüber Irish Cream und ganz oben kommt eine Lage Orangenlikör.

Die Schichten bleiben getrennt!

Je höher die Dichte, desto tiefer sinkt die Flüssigkeit!

Versuchs mal – es ist leicht!

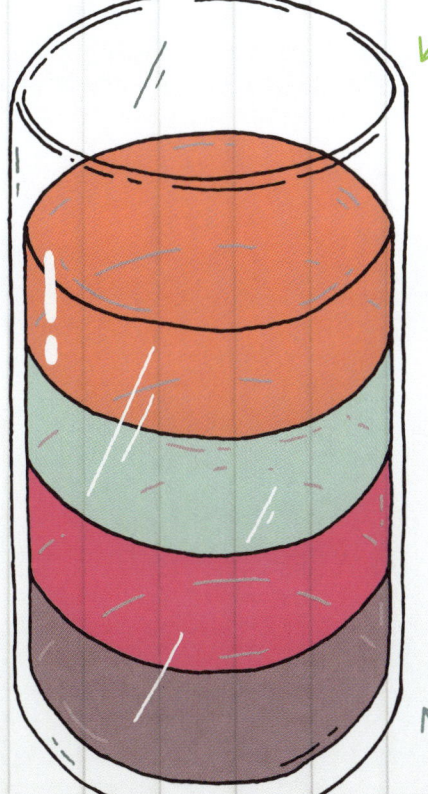

Der wissenschaftliche Kram

Verschiedene Flüssigkeiten haben unterschiedliche Dichten, und die mit der höchsten Dichte sinken immer unter die mit geringerer Dichte. In diesem Versuch gießen wir die Flüssigkeit mit der höchsten Dichte zuerst ins Glas, die nächsthöhere Dichte kommt als nächstes und so weiter. Die Dichte wird gemessen, indem man die Masse durch das Volumen teilt. Zum Beispiel wiegt ein Liter Wasser 1 Kilo. Seine Dichte ist also 1 kg/Liter. Die relativen Dichten der hier benutzten Flüssigkeiten betragen wie folgt (in kg/Liter):

Honig (1,3)	Wasser (1)
Ahornsirup (1,25)	Flüssigseife (0,93)
Balsamicoessig (1,1)	Öl (0,9)
Milch (1,03)	Paraffin (0,8)

Die Dichte wird gemessen, indem man die Masse durch das Volumen teilt.

Papier bricht Holz

Wenn Godzilla mit King Kong kämpft, wer würde gewinnen? Das ist ein Thema, das oft auf dem Spielplatz diskutiert wird (okay, nur von Jungs). Etwas, worüber Männer auch diskutieren könnten, ist, ob man mit einer normalen, langweiligen Zeitung wohl ein Holzlineal in zwei Teile brechen kann. Die Antwort auf diese Frage ist definitiv Ja, die erste Frage ist immer noch unbeantwortet.

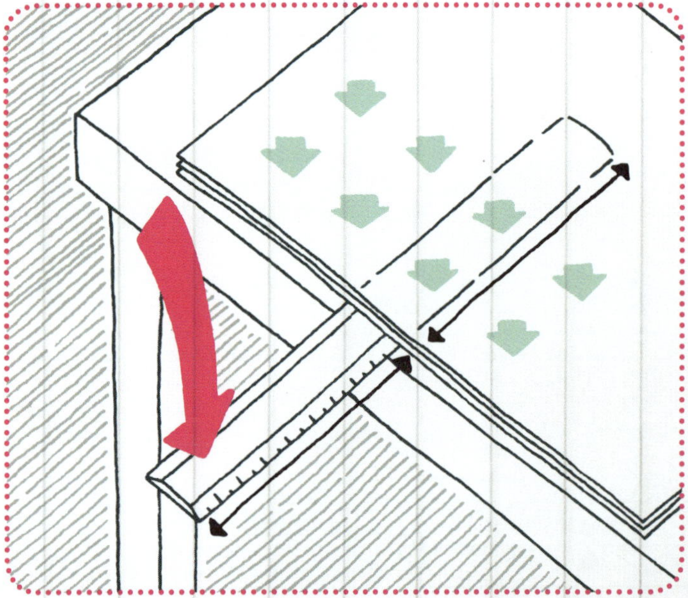

Der Luftdruck drückt das Lineal nach unten.

Schlage mit der Hand nach unten.

Los gehts

1. Leg das Lineal auf den Tisch, ungefähr 40 Prozent ragen über die Tischkante hinaus.

2. Leg die Zeitung auf den Tisch, bis zum Tischrand bedeckt sie das Lineal. Heb die Hand – mach es schön dramatisch und warte einen Moment.

3. Schlage mit der Hand nach unten auf den Teil des Lineals, der über die Tischkante ragt. KNACKS! Es wird in zwei Teile brechen.

Der wissenschaftliche Kram

Dieser Trick funktioniert durch den Luftdruck. Die Zeitungsseite auf dem Lineal wird über eine große Fläche nach unten gedrückt. Der Luftdruck drückt das Lineal so stark auf den Tisch, dass es das Papier nicht nach oben wegschlägt, wenn du auf das freie Linealende haust. Die Kraft deiner Hand zerbricht das Lineal.

Das brauchst du:
- ein Holzlineal (eins, das du auch kaputt machen darfst) Es geht auch eine dünne Holzlatte.
- eine Seite einer großen Tageszeitung
- einen Tisch

KNACKS!

Hast du das gewusst?

Viele Jahre lang stellten sich Mathematiker die Frage „Wie kann man eine gerade Linie zeichnen?". Du wirst jetzt sicher sagen, „Na, benutz ein Lineal", aber denk dran, hier geht es um Mathematiker, und ihre Frage ging davon aus, dass man zwar mithilfe eines Kompasses einen perfekten Kreis zeichnen konnte, aber kein Instrument existierte, um ohne Führung eine gerade Linie zu zeichnen. Mit dem Inversor von Peaucellier, entwickelt 1864, konnte man eine Kreisbewegung in eine geradlinige Bewegung umwandeln. Das war wichtig für die Entwicklung der Dampflokomotive.

Der Kartoffelspieß

Vorsicht bitte!

Kartoffeln sind ziemlich hart, Strohhalme eher schwach und biegsam. Darum würde wohl niemand denken, dass man einen Strohhalm durch eine rohe Kartoffel stecken kann. Falsch gedacht …

Das brauchst du:
- eine Kartoffel
- einen Plastikstrohhalm

Der wissenschaftliche Kram

Wenn du deinen Daumen über das Ende des Strohhalms legst, werden die darin gefangenen Luftmoleküle zusammengepresst. So geben sie dem Strohhalm die Stärke, die er braucht, um Schale und Fleisch der Kartoffel zu durchdringen – du erschaffst quasi eine feste Röhre. Wenn du das Loch nicht bedeckst, geht die Luft durch den Strohhalm hindurch und der Strohhalm knickt, wenn er auf die Kartoffel trifft.

Hast du das gewusst?

Druck ist die Kraft pro Flächeneinheit. Die Standardeinheit für Druck ist das Pascal (Pa). Der normale atmosphärische Druck beträgt 101325 Pa, das sind 1013 Hektopascal (hP). Ein Haibiss kann 30 Millionen Pa haben, Stahl widersteht 40 Millionen Pa und der Druck im Zentrum der Erde könnte 400 Billionen Pa betragen. Hammer!

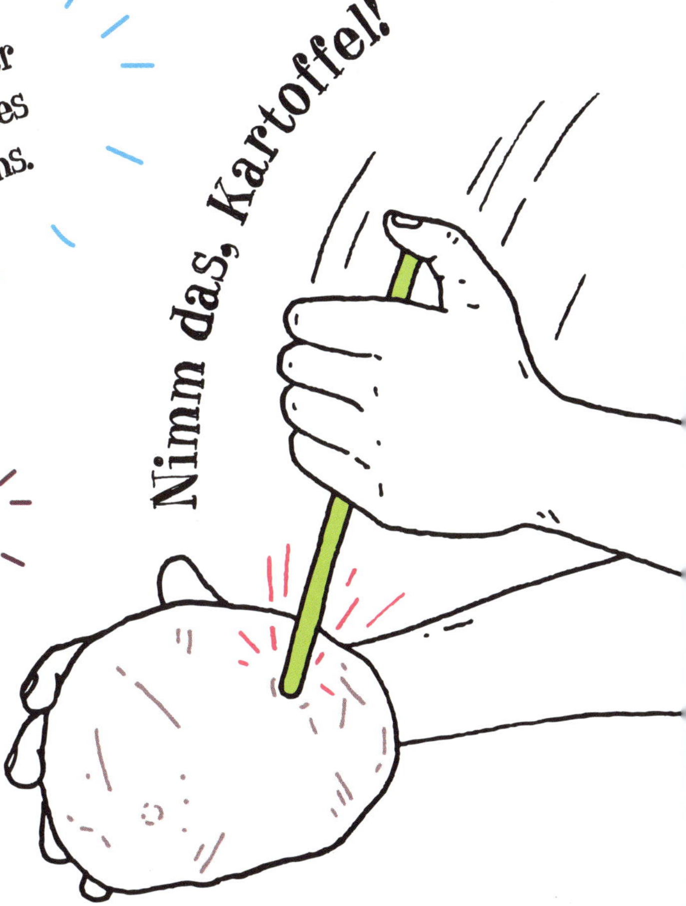

Los gehts

1. Wette mit den anderen Kindern, dass du einen Strohhalm in eine Kartoffel stecken kannst, ohne dass er sich biegt oder bricht. Wer verliert, macht den Abwasch. Darauf werden sie eingehen.

2. Halte die Kartoffel fest in einer Hand, Finger und Daumen um ihre Mitte, nicht an den Enden. Nimm den Strohhalm fest in die andere Hand, bedecke das Loch am Ende mit deinem Daumen und stich fest in schmalste Stelle der Kartoffel. Pass auf, dass der Strohhalm nicht deine Hand verletzen kann, falls er auf der anderen Seite der Kartoffel wieder rauskommt.

3. Setz dich vor den Fernseher, während die anderen abwaschen.

Lege deinen Daumen über das Ende des Strohhalms.

Im Strohhalm befindet sich zusammengedrückte Luft.

Nimm das, Kartoffel!

Der unkaputtbare Ballon

Gefahr – nur mit Erwachsenen!

Das lustigste an Luftballons ist ja wohl unbestritten, sie platzen zu lassen – Ka-Bumm! Aber was passiert, wenn man einen Ballon aufbläst und dann versucht, ihn platzen zu lassen, indem man ihn über eine Flamme hält? Probieren wir's aus …

Hast du das gewusst?
Die Erfindung des ersten Heißluftballons verdanken wir drei Franzosen. 1783 bauten die Brüder Montgolfier einen Ballon für den Wissenschaftler Pilatre de Rozier, der ihn auf einen ungefähr zehnminütigen Flug schickte. Der Flug führte gerade mal 1,6 Kilometer weit. Die Passagiere waren ein Huhn, eine Ente und ein Schaf. Zwei Monate später fand der erste bemannte Flug statt – de Rozier war diesmal einer der Passagiere.

Los gehts

1. Zeig zuerst, was normalerweise passiert. Blas den ersten Ballon auf und mach einen Knoten ins Ende, damit die Luft drinbleibt. Zünde die Kerze an und halte den Ballon für ein paar Sekunden darüber, und PENG! Er platzt.

2. Frag dein Publikum, ob es glaubt, dass bei einem zweiten Versuch der Ballon nicht platzt. Vermutlich werden alle Nein sagen.

3. Diesmal schütte ein bisschen Wasser in den Ballon, dann blas ihn auf und verknote ihn wie vorher. Halte den Ballon über die Kerze, mit der Stelle allerdings, wo sich das Wasser sammelt und … nichts!

Das brauchst du:
- zwei Luftballons
- eine Kerze
- Streichhölzer
- Wasser

Das Wasser verdampft.

Das Wasser in dem Ballon nimmt die Hitze auf.

Heiße Luft wird durch kühlere ersetzt.

Der Ballon platzt nicht!

Der wissenschaftliche Kram

Der erste Ballon, dein Testballon, platzt weil die Flamme das Gummi aufheizt und es schwächt, sodass es dem Luftdruck im Inneren des Ballons nicht mehr widerstehen kann. PENG! Beim zweiten Ballon nimmt das Wasser über der Flamme die Hitze durch Verdampfung auf, beginnt zu steigen und wird durch kühleres Wasser ersetzt. Dieser Vorgang wiederholt sich, und so platzt der Ballon nie. Buchstäblich cool, oder?

Die unzerstörbare Streichholzschachtel

Für alle

Bei vielen Wetten geht es um Kraft. Eine Streichholzschachtel scheint ja eher eine nicht so haltbare Konstruktion zu sein, man sollte annehmen, dass jeder sie zerquetschen kann. Aber, wie so oft, der erste Eindruck kann trügerisch sein.

Das brauchst du:
- eine Streichholzschachtel
- einen Tisch oder eine andere waagerechte Fläche

Los gehts

1. Wette mit einem Freund, dass er eine Streichholzschachtel nicht zerquetschen kann. Bevor er mit der Faust auf die Schachtel haut, nimm sie auseinander.

2. Stell die äußere Hülle der Schachtel auf ihre kurze Seite und auf eine gerade Oberfläche. Setze die Schublade mit der offenen Seite nach unten darauf.

3. Sieh zu, wie dein Freund vergeblich versucht, die Schachtel zu zerschlagen.

Der wissenschaftliche Kram

Die neu zusammengesetzte Schachtel ist so stark, weil die Schublade die Kraft der Faust auf ihre Fläche verteilt. Außerdem wird die Kraft auch über die Pappaußenhülle abgeleitet. Die Struktur ist stärker und widerstandsfähiger gegen Druck.

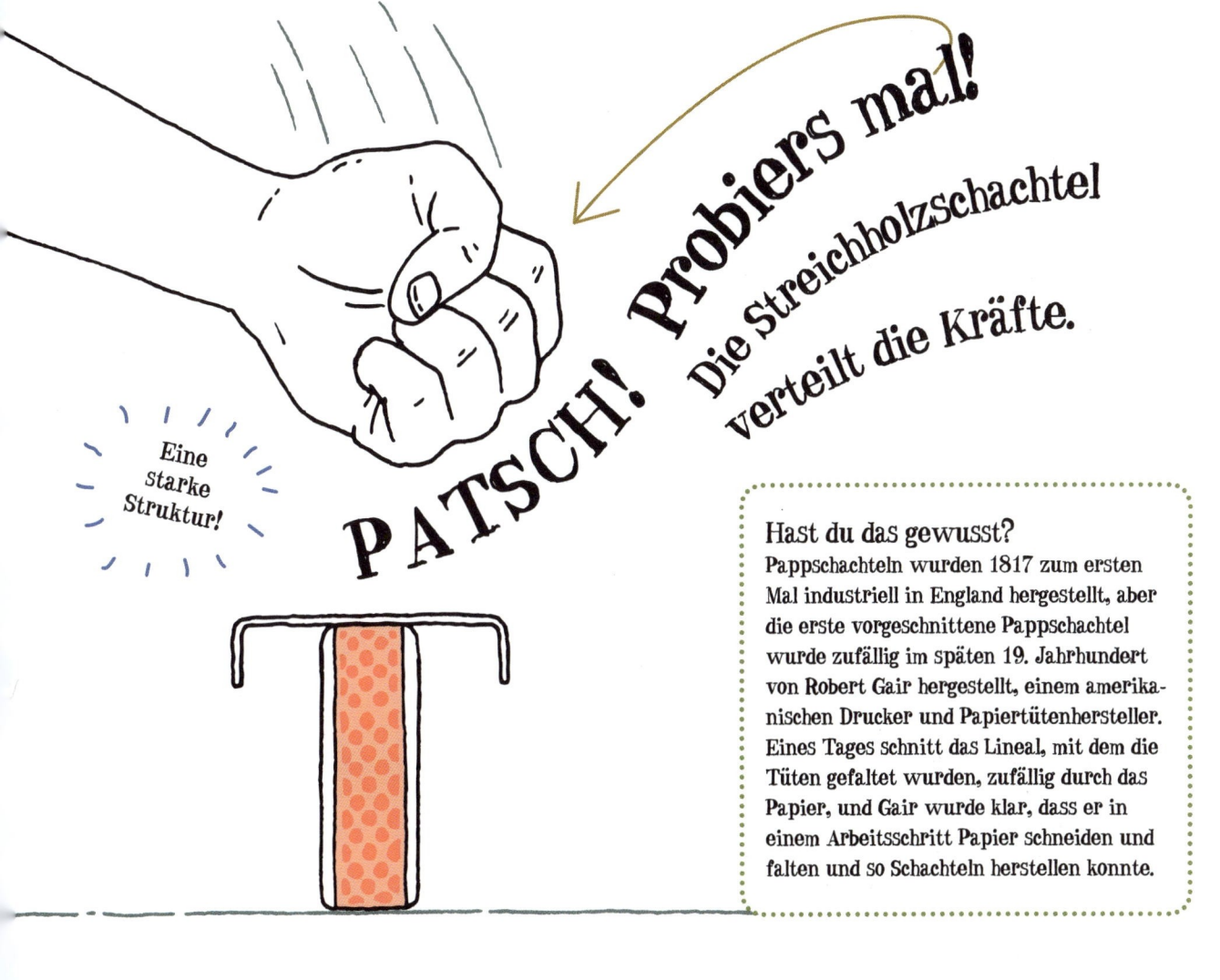

PATSCH! Probiers mal! Die Streichholzschachtel verteilt die Kräfte.

Eine starke Struktur!

Hast du das gewusst?
Pappschachteln wurden 1817 zum ersten Mal industriell in England hergestellt, aber die erste vorgeschnittene Pappschachtel wurde zufällig im späten 19. Jahrhundert von Robert Gair hergestellt, einem amerikanischen Drucker und Papiertütenhersteller. Eines Tages schnitt das Lineal, mit dem die Tüten gefaltet wurden, zufällig durch das Papier, und Gair wurde klar, dass er in einem Arbeitsschritt Papier schneiden und falten und so Schachteln herstellen konnte.

Im Kreis herum

Für alle

Ein Entwicklungstest für kleine Kinder verlangt von ihnen, dass sie einen Kreis zeichnen sollen. Versuchs mal: Es ist gar nicht so leicht. Dieser pfiffige Geometrie-Trick hilft dir aber weiter; er ist wirklich ziemlich smart.

Los gehts

1. Falte das Stück Papier zur Hälfte, und dann noch einmal in der Mitte der Faltkante.

2. Als nächstes faltest du die geschlossene Ecke (das ist genau die Mitte des Papiers) zur Hälfte, so erhältst du eine Pfeilform. Falte sie noch einmal zur Hälfte. Wiederhole das, so oft es geht.

3. Mit der Schere schneidest du jetzt eine gerade Linie durch das Papier, ungefähr 3 cm von der Spitze entfernt. Entfalte das Papier – und es ist jetzt kreisförmig! Großartig!

Hast du das gewusst?

Viele Jahre dachte man, man könne ein Papier, egal wie groß, nur siebenmal zur Hälfte falten. Aber 2002 faltete das Schulmädchen Britney Gallivan aus Kalifornien ein 1220 Meter langes Stück Toilettenpapier zwölfmal.

Das brauchst du:
- ein Stück Din-A4-Papier
- eine Schere

Falte das Papier zur Hälfte – und noch mal.

Danke, Euklid!

Du hast ein viereckiges Stück Papier in einen Kreis verwandelt.

Ein toller Geometrie-Trick!

Wahnsinn!

Der wissenschaftliche Kram

Laut Euklid (dem Vater der Geometrie) ist ein Kreis eine zweidimensionale Figur, bestehend aus einer Linie, und alle Punkte auf dieser Linie sind gleich weit von einem Punkt entfernt. Dieser Punkt ist der Mittelpunkt des Kreises.

Natürlich ist der Kreis, den du durch diesen Trick erhältst, nicht total perfekt – er hat gerade Kanten. Wenn du aber das Stück Papier unendlich oft falten könntest, dann wäre dein Zirkel auch nach Euklids Standards perfekt.

Wasserwerk

Für alle

Bei Partys geht es ums Getränkemixen; dieser Trick hier sollte alle faszinieren, denn er zeigt, dass man Wasser nicht immer mit allem mischen kann, dank der magischen Kräfte von Salz.

Los gehts

1. Fülle zwei gleiche Gläser bis zum Rand mit Wasser.

2. In eins der Gläser kommt die Lebensmittelfarbe und das Salz. Rühre die Mischung gut um. Wenn du dabei was verschüttest, füll das Glas wieder bis zum Rand auf.

3. Jetzt halte das Stück Karton über das Glas mit dem reinen Wasser und – gut festhalten – drehe es um. Setze das umgedrehte Glas vorsichtig auf das andere Glas.

4. Vergewissere dich, dass die Ränder der Gläser genau übereinander sind und ziehe langsam den Karton heraus. Das Wasser aus dem einen Glas vermischt sich nicht mit der Salzlösung – irre!

Das brauchst du:
- zwei gleiche Gläser
- ein Stück festen Karton
- fünf Tropfen Lebensmittelfarbe
- einen Teelöffel Salz
- Wasser

Hast du das gewusst?

Das Tote Meer (das eigentlich gar kein Meer ist, sondern ein Binnensee zwischen Jordanien und Israel) ist ungefähr 8-mal salziger als das Meer. Es hat eine Dichte von 1,24 kg/Liter. Deswegen können die Leute darin einfach treiben – über eine Million Besucher tut das jedes Jahr.

Wie funktioniert das?

Das Wasser vermischt sich nicht!

Der wissenschaftliche Kram

Das Wasser mit dem Salz darin hat eine höhere Dichte als das reine Wasser, darum bleibt es unten. Reines Wasser hat eine Dichte von 1 kg/Liter, während Salzwasser eine Dichte von 1,025 kg/Liter hat. Um das zu beweisen, mach das Experiment noch mal, aber diesmal tust du die Lösung mit Salz und Lebensmittelfarbe nach oben. Leg einen Lappen bereit!

Salzwasser hat eine höhere Dichte!

Zeig das deinen Freunden!

Ein Loch in der Hand

Für alle

Ein Spatz in der Hand ist besser als die Taube auf dem Dach – aber ist ein Loch in der Hand noch besser? Vielleicht nicht, aber es tut nicht weh, du brauchst hinterher keine Operation und du wirst ganz bestimmt jemanden damit beeindrucken können.

Das brauchst du:
- eine Papprolle aus dem Inneren einer Küchenrolle
- eine Hand
- einen Blick

Der wissenschaftliche Kram

Das Licht scheint in deine Augen und die Signale werden in deinem Gehirn so umgewandelt, dass du erkennst, was du siehst. Weil die Bilder, die die beiden einzelnen Augen empfangen, leicht unterschiedlich sind, bringt das Gehirn sie schlau in Einklang, sodass du nicht doppelt siehst.

Bei diesem Trick konzentrieren sich beide Augen auf das Bild am Ende der Röhre, das Gehirn verarbeitet sie in ein Bild, und, hoppla, dein Freund hat ein Loch in der Hand.

Los gehts

1. Bitte einen Freund, sein linkes Auge zu schließen. Gib ihm die Papprolle und sag ihm, er soll sie an sein rechtes Auge legen.

2. Jetzt sag ihm, er soll seine linke Hand neben das andere Ende der Rolle halten, aber warne ihn, dass du ein Loch in seine Hand gemacht hast – er soll ja nicht gleich loskreischen.

3. Jetzt lass ihn sein linkes Auge öffnen. Halt dir die Ohren zu, denn obwohl du ihn gewarnt hast, wird er vielleicht doch schreien!

Hast du das gewusst?

3-D-Filme sind möglich, weil unser Gehirn die verschiedenen Bilder, die es empfängt, zu einem verarbeitet. Der Film besteht eigentlich aus zwei leicht unterschiedlichen Bildern, und dank der besonderen Brille, die du tragen musst, sieht jedes Auge nur eins dieser Bilder; unser unschlagbares Gehirn besorgt den Rest.

3-D-Filme wurden Anfang des 20. Jahrhunderts in Amerika entwickelt. Der 2009 herausgebrachte Film „Avatar" wird von vielen als der Höhepunkt der 3-D-Filmtechnik betrachtet.

Du siehst doppelt!

Ein Loch in der Hand! HILFE!

Dein Gehirn wandelt Licht in Signale um.

Licht dringt in deine Augen ein!

Verwirre dein Gehirn!

Angesaugt

Wasser läuft bekanntlich nicht bergauf. Wenn du diese Weisheit das nächste Mal zu hören kriegst, lache und behaupte einfach, dass es doch geht – ja, Wasser kann sich auch aufwärts bewegen.

Gefahr – nur mit Erwachsenen!

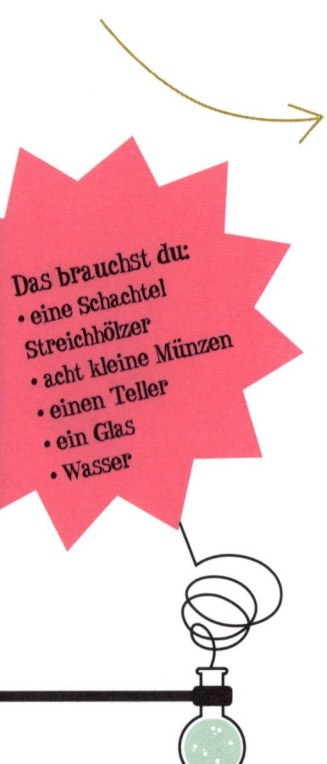

Das brauchst du:
- eine Schachtel Streichhölzer
- acht kleine Münzen
- einen Teller
- ein Glas
- Wasser

Los gehts

1. Schütte das Wasser auf den Teller und stapele die Münzen in seiner Mitte auf. Pass auf, dass das Publikum den Trick beobachtet und nicht dein Geld klaut!

2. Zünde zwei oder drei Streichhölzer gleichzeitig an und lege sie brennend oben auf den Münzstapel.

3. Stell schnell das Glas über die Zündhölzer. Während sie brennen, wird das Wasser in das Glas hinaufgesogen.

Der wissenschaftliche Kram

Dieser Trick hat unter Hobbywissenschaftlern schon für viel Streit gesorgt. Viele Leute denken, das Wasser wird in das Glas gesaugt, weil durch die Verbrennung der Sauerstoff im Glas aufgebraucht wird und so ein Unterdruck entsteht. Das ist aber nicht alles. Tatsächlich erhöht die Hitze der Flamme den Luftdruck im Glas und drückt Luft nach draußen. Die Flamme geht aus, wenn der komplette Sauerstoff verbraucht ist und die Luft kühlt ab und zieht sich zusammen. Der Luftdruck außerhalb des Glases ist nun höher als innen, und das Wasser wird in das Glas gesogen, bis der Druck ausgeglichen ist.

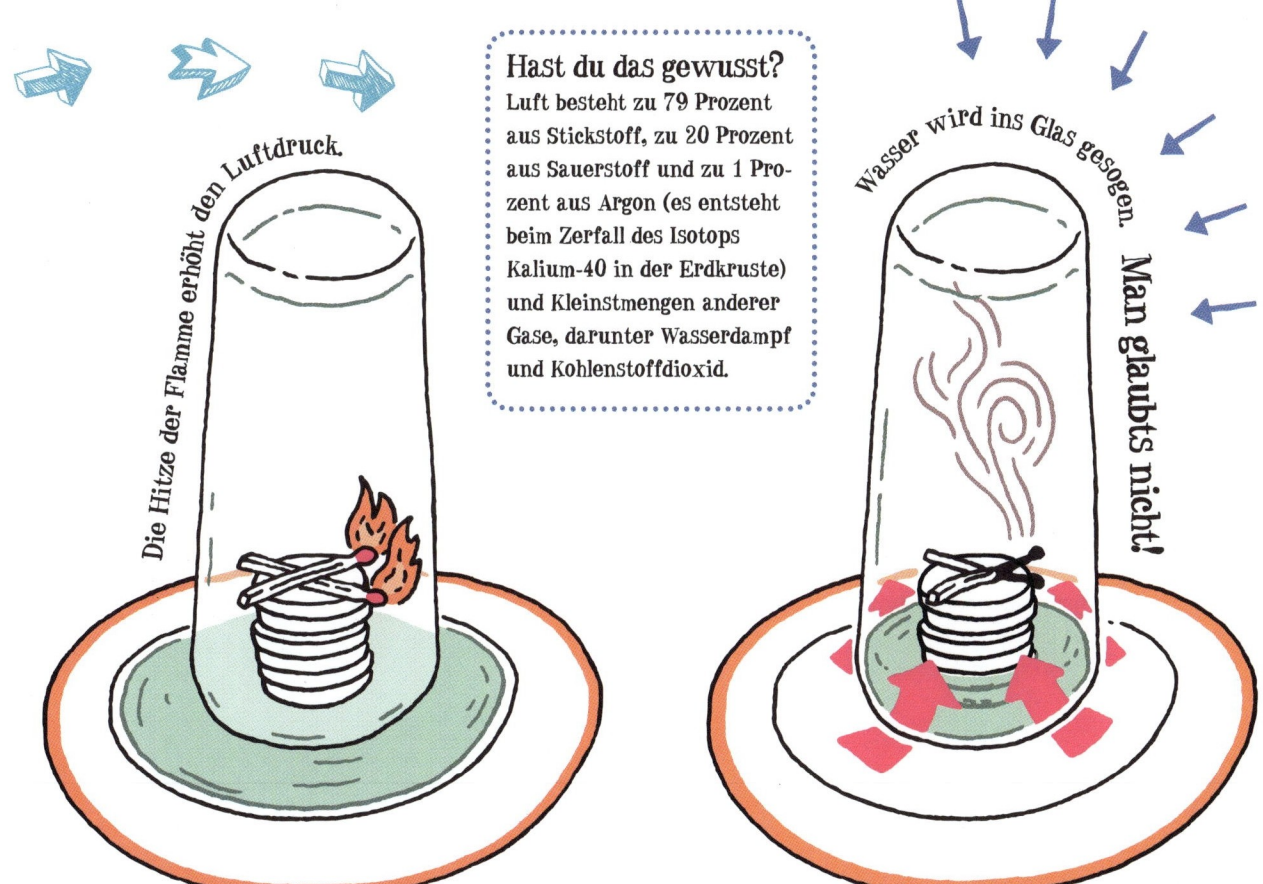

Die Cola-Fontäne

Wenn jemand ein Autorennen gewinnt, feiert derjenige meistens, indem er eine ganze Flasche Champagner verschwendet. Dieser Trick ist billiger, ganz bestimmt aufsehenerregender und du musst auch kein Autorennen gewinnen, um ihn ausprobieren zu können.

Hast du das gewusst?

Fritz Grobe, Jongleur von Beruf, und Stephen Voltz, ein Rechtsanwalt, erzeugten gemeinsam eine riesige Cola-Fontäne mit 101 Flaschen Cola und 523 Süßigkeiten, und drehten davon ein Video, das ein Riesenhit wurde. In seiner ersten Woche bekam es 800.000 Klicks. Das smarte Team sorgte dafür, dass es an seinem explosiven Treiben auch verdiente, indem es Werbeeinnahmen mit seiner Hostwebsite teilte. Es heißt, die beiden hätten auch mit Süßigkeitenherstellern über Werbeverträge gesprochen.

Los gehts

1. Mach vorsichtig mit dem Metallspieß ein Loch in den Deckel der Colaflasche, und ebenso mitten durch die beiden Pfefferminzbonbons.

2. Fädele den Faden durch die Bonbons und den Deckel, sodass die Bonbons in der Flasche hängen, wenn du den Deckel wieder aufschraubst. Sie sollten aber die Cola nicht berühren. Vielleicht musst du ein bisschen Cola wegschütten, damit Platz für die Bonbons ist.

3. Trag die Flasche nach draußen und sorg dafür, dass nichts und niemand in ihrer Nähe ist, das nicht mit Cola vollgespritzt werden darf.

4. Zieh den Faden nach oben, sodass die Bonbons davon herunterrutschen, und freu dich an der riesengroßen Cola-Fontäne.

Das brauchst du:
- zwei Pfefferminzkaubonbons (z. B. Mentos)
- ein Stück dicke Schnur
- einen Metallspieß
- eine Zweiliterflasche Cola light (ist nicht so klebrig wie normale Cola)

Kohlensäure blubbert!

Halte Abstand!

KA-WUMM!
Klebrige Explosion!

Der wissenschaftliche Kram

Die Explosion bei diesem Trick ist im Grunde eine Erweiterung anderer Experimente mit Kohlensäure. Es gibt allerdings Diskussionen darüber, warum Minzkaubonbons so eine extreme Reaktion hervorrufen. Vermutlich tragen verschiedene Faktoren dazu bei. Erstens lösen sich die Bestandteile der Bonbons, die sie kaufähig machen (Gelatine und Gummi arabicum) in der Cola, was hilft, die Oberflächenspannung des Wassers aufzubrechen, wodurch dann mehr Blasen entstehen. Zweitens wird die Oberfläche der sich auflösenden Bonbons mit lauter kleinen Kratern übersät, in denen sich Kohlensäureblasen bilden können. Drittens sinken die Bonbons aufgrund ihres Gewichts in der Flasche nach unten, all das Gas, das erzeugt wird, wird nach oben gedrückt und … KA-WUMM!

Wo du die Sachen kaufen kannst

Die meisten Dinge, die du brauchst, habt ihr wahrscheinlich schon zu Hause, in irgendeiner Schublade in der Küche, aber manche Dinge wirst du kaufen müssen.

Backpulver
Das findest du vielleicht sogar zu Hause im Küchenschrank. Wenn nicht, dann im Supermarkt im Regal mit den Backzutaten.

Branntweinessig
Gibt es im Supermarkt.

Brausetabletten
Zum Beispiel Vitamintabletten. Gibts in der Drogerie und im Supermarkt.

Franzbranntwein
Bekommst du in der Apotheke.

Lebensmittelfarbe
Findest du im Supermarkt bei den Backzutaten.

Natriumacetat
Gibt es in der Apotheke.

Paraffin (als Öl)
Auch das gibts in der Apotheke.

Speisestärke
Auch oft zu Hause im Küchenschrank vorhanden, und ansonsten in der Abteilung mit den Backzutaten im Supermarkt.

Vaseline
Die bekommst du in der Apotheke, der Drogerie oder im Supermarkt.